McDermott
& McGough

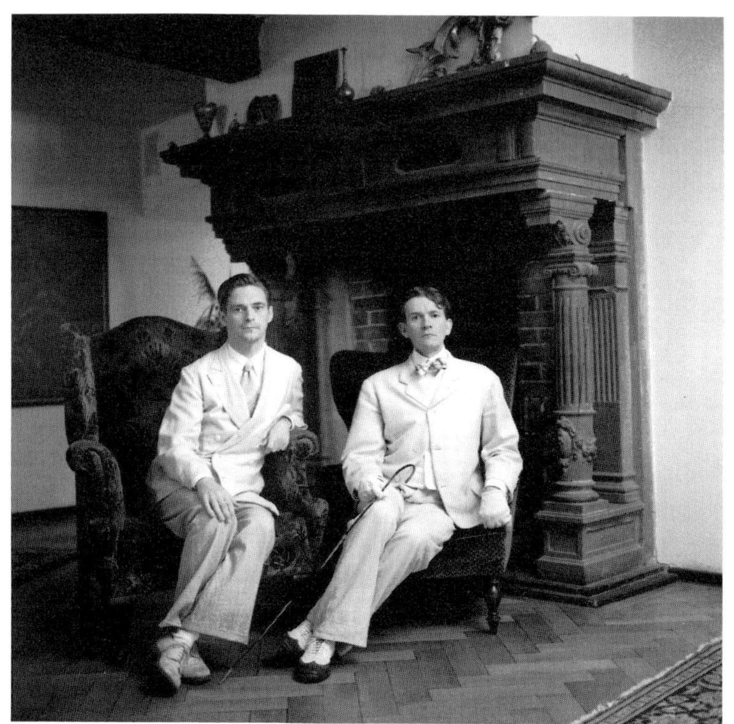

Bregenz, 1993

McDermott & McGough

1936

CHARTA

Catalogo

Progetto grafico
Gabriele Nason

Coordinamento redazionale
Sabina Cortese

Ufficio stampa
Silvia Palombi Arte & Mostre, Milano

Realizzazione tecnica
Amilcare Pizzi Arti grafiche,
Cinisello Balsamo, Milano

In copertina
Men With Cloud (The 24731st
Instance) (1936), *1994-95*

In quarta di copertina
Chart 5 (1904), *1990*

Mostra in collaborazione con
Gian Enzo Sperone

Claudia Gian Ferrari Arte
Contemporanea
20121 Milano – Via Brera, 30
Tel. 86.46.16.90 Fax 80.10.19

ISBN 88-8158-066-7

Edizioni Charta
via Castelvetro, 9 – 20154 Milano
tel. 02-33.60.13.43/6 – fax 02-33.60.15.24

Printed in Italy

McDermott & McGough

Claudia Gian Ferrari Arte
Contemporanea

Milano, 21 marzo – 25 maggio 1996

Testi di
Michele Bonuomo

Traduzioni
Michael Haggerty

I ritratti di McDermott & McGough
sono stati realizzati a Napoli da
Peppe Avallone
e a Bregenz, Lindau e New York da
Wouter Deruytter

Sommario/Contents

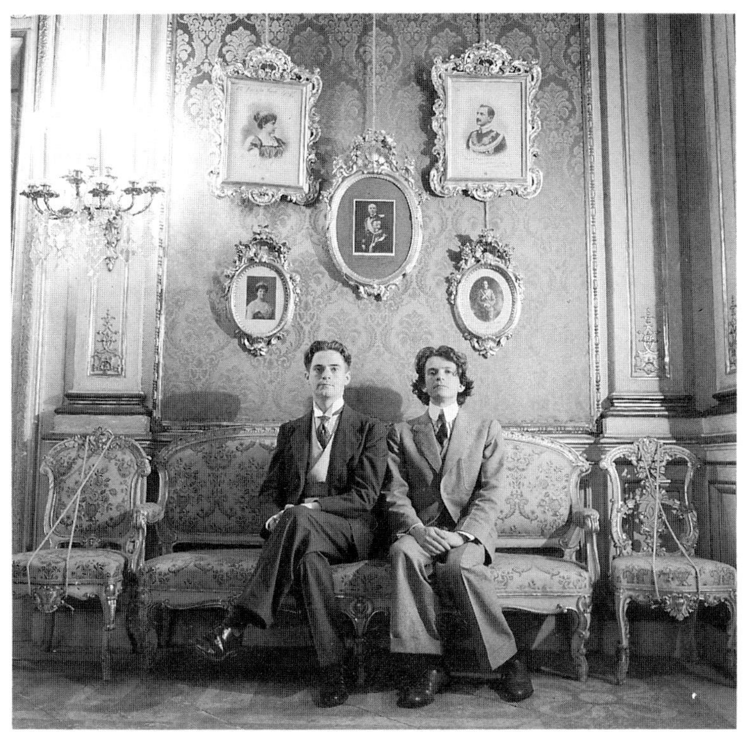

Napoli, 1986

McDermott & McGough
Il futuro non ha un domani ...

Ci sono delle stagioni artistiche che – per strane congiunture astrali, per accumulazioni di storie o di esperienze vissute – diventano il paradigma di un'intera epoca. Un punto di svolta sintomatico di un cambiamento che, nel bene o nel male, si pone come frattura con tutto quello che è già successo e con effetti di lunga durata. Forse per queste epoche non sempre è il caso di usare il termine *nuovo* per definirle, perché non fondano nuovi comportamenti e nuovi pensieri, ma di sicuro producono germi che prima o poi si diffonderanno. Una stagione contagiosamente feconda – e tutta da interpretare – è quella vissuta in America negli anni Ottanta, i cui effetti continuano a farsi sentire ancora ai nostri giorni.
In America gli anni Ottanta sono iniziati molte volte e in molti luoghi. Sono iniziati a New York e a Los Angeles, in tutte le gallerie di tendenza e in tutte le scuole d'arte. Dagli inizi dei Settanta, sono iniziati praticamente ogni anno... Gli anni Ottanta erano già in fase avanzata di preparazione: stavano incubando nelle esperienze e nelle scelte del decennio precedente. "In questo confuso decennio di formazione e riformazione, ha visto la luce una quantità tale di cose, che inevitabilmente un certo numero di *geni* importanti sono stati trasmessi, mentre molti altri sono stati eliminati: gli organismi più forti sono stati in grado di svilupparsi nell'ambiente più brutale (anche se finanziariamente più fecondo) e frenetico degli anni Ottanta".[1]
È proprio nel decennio degli Ottanta che l'arte in America (e in maniera più sorprendente in Europa) ha toccato un livello di popolarità senza precedenti. E, allo stesso tempo, è stata fonte inesauribile di scandali e di mistificazione, diventando quindi un territorio estremamente pericoloso. "Questo fenomeno degli anni Ottanta è unico nella storia dell'arte del XX secolo; la sua particolarità non è basata soltanto sulla diversità formale delle opere in sé, ma anche sui partigiani ugualmente

diversi che hanno formato ideologicamente e commercialmente le loro schiere sotto bandiere costituite fittiziamente".[2]

Moderni contro postmoderni

Il nodo teorico da sciogliere, al di là di mille altre implicazioni più o meno accidentali (l'edonismo reaganiano, l'inizio della crisi delle ideologie, il cinismo portato a nuova *dimensione etica*...) è ancora quello che già nel decennio precedente, specie in architettura, aveva visto contrapposti in maniera inconciliabile modernisti e postmodernisti. Per i primi la fine della modernità, e quindi dell'utopia del *progetto estetico* e di un'arte autoreferenziale, stava dando come risultato non una *nuova opera d'arte* ma le *macerie del gusto*. I postmodernisti, dal canto loro, considerano questo momento come un'occasione felice e disincantata per ritornare ad affrontare i fenomeni sociali in cui l'arte si trova a vivere, per imparare di nuovo a guardare e a interpretare il mondo. "Per una volta il paradiso perduto convive con il paradiso riguadagnato... Facendo ricorso a un paragone banale, se il modernismo è appassionato e attivo, il postmodernismo ambisce a uno statuto nonartistico, a lavorare entro un contesto globale più ampio perché segnato da traguardi extrartistici".[3]

Il dibattito si chiude con il trionfo delle poetiche postmoderne, che hanno la meglio sulle certezze del modernismo (e a questo proposito è ancora prematuro dire se è stato un bene assoluto che sia finito così o se è stato solo un male inevitabile...). In questo nuovo contesto che rapidamente viene a determinarsi salta ogni gerarchia; i valori estetici consolidati subiscono uno scossone devastante, la distanza tra arte colta e arte volgare, tra gusto popolare e sensibilità esageratamente raffinata si riduce al minimo della riconoscibilità. I linguaggi *poveri* e creativi della metropoli aggrediscono i dizionari colti: la Graffiti art è il primo fenomeno artistico di massa che si impone prima nella scena newyorkese e con la violenza di un virus si diffonde dall'altra parte dell'Oceano. Non si tratta di una forma di linguaggio ludico, dissacrante e alla portata di tutti, ma di un atteggiamento libertario e gioiosamente infantile. Con i graffitisti nasce la prima generazione dei *ragazzi geniali*, eterni *kids* che

vivono in uno spettacolo continuo: Keith Haring e Prince, Jean–Michel Basquiat e Michael Jackson si muovono sulla stessa scena metropolitana. E così, una stazione della metropolitana e la galleria di Tony Shafrazy, una sauna e il Madison Square Garden garantiscono lo stesso evento...
L'altra faccia del *grande spettacolo* ha le sembianze dei *giovani maestri*, cioè di quegli artisti che, dopo aver riscoperto la *pittura dipinta* (sull'onda di quando stava succedendo in Italia con la Transavanguardia e in Germania, prima con la lezione di Joseph Beuys e poi con i Nuovi Selvaggi), individuano un sentimento nuovo radicato nella *tradizione* pittorica americana. Quella per intenderci degli espressionisti astratti, quella pop di Andy Warhol e Jasper Johns, ma anche quella più remota di Edward Hopper, di Thomas Eakins, del gruppo degli "Otto". Ma, soprattutto, inseguono un'idea tutta hollywoodiana della creazione del *masterpiece*. Julian Schnabel, per esempio, è uno di questi giovani leoni che da subito si dibatte nell'evidente tormento del capolavoro. Altri ancora come David Salle, Philip Taaffe, Peter Halley, Jeff Koons, per citarne solo alcuni, incarnano l'essenza stessa dell'artista postmoderno. E le loro opere ci forniscono uno spaccato di tutto il peggio e di tutto il meglio di un eclettismo che si è fatto sistema...

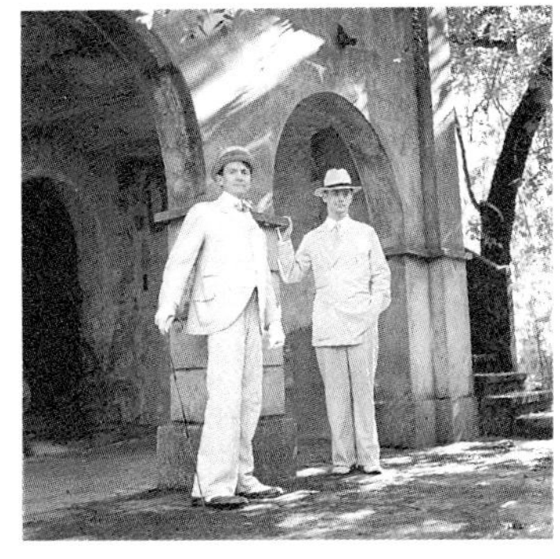
Bregenz, 1993

"Cosa dunque si può dire dell'aspetto generale dell'arte degli anni Ottanta? Ci troviamo di fronte alle macerie del gusto, liberi da compiti e responsabilità? È forse l'arte divenuta un mero artefatto al servizio di più importanti motivazioni extrartistiche? Forse con le parole di Charles Baudelaire, l'arte degli anni Ottanta potrebbe essere definita in questo modo: *il bello è sempre bizzarro;* o meglio ancora: *la spontanea celebrazione dell'attimo*".[4]

A QUATTRO MANI

In maniera antitetica a quest'atmosfera scintillante, veloce, superficiale, contagiosa (yuppie, come si diceva fino a ieri), ma sicuramente magica e organica a uno *zeitgeist* postmoderno, si inserisce la ricerca di David McDermott (Hollywood, California, 1952) e Peter McGough (Syracuse, New York, 1958): due artisti che lavorano insieme, che producono opere a quattro mani. Ma che soprattutto hanno spostato il loro tempo d'azione e i loro comportamenti molti decenni più indietro rispetto al *dibattito* di cui si diceva. L'approdo a una sorta di linguaggio *rétro* non è per loro, come lo è stato per tanti altri, una sorta di reazione al progresso inteso come tendenza evoluzionistica inesorabile.

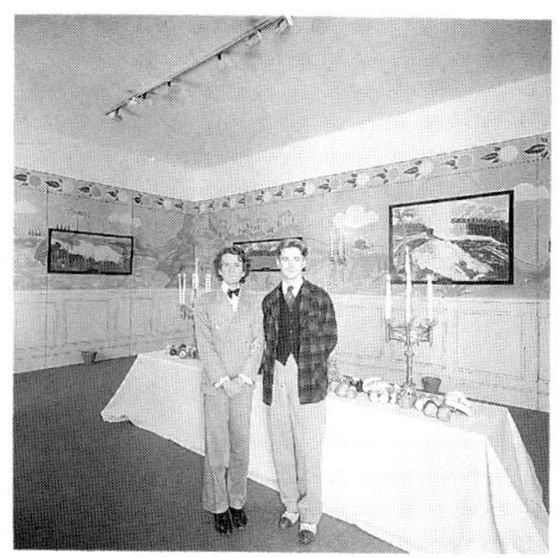

Napoli, 1986

McDermott e McGough vivono il passato come una provocazione esistenziale.

Nel 1984, in occasione della loro prima mostra alla North Store Gallery di New York, intitolata "Genuine Meiji Paintings", esordiscono con una serie di piccoli oli su tela datati 1884 e dipinti alla maniera giapponese dell'Ottocento. Come molte stampe Meiji originali, i dipinti di McDermott e McGough si basano su una motivazione complessa: l'impulso di decorare, lo stimolo di fare proseliti e l'interesse continuo per una ricreazione altamente comica ma molto seria del mondo. Due anni dopo, nella loro prima mostra italiana nella galleria di Lucio Amelio a Napoli, non solo espongono un gruppo di tele dipinte alla maniera della pittura romantica americana, ma trasformano la galleria in un interno americano (sempre di metà Ottocento), dove gli artisti – divenuti i padroni di casa – ospitano il pubblico offrendo loro frutta, té e li coinvolgono nelle loro pratiche religiose fatte di preghiere e di canti sacri.

Il loro vagare da un'epoca all'altra (dall'Ottocento agli anni Trenta, spingendosi fino agli anni Quaranta) non è apparentabile in maniera semplicistica al nomadismo linguistico della pittura europea di quegli anni. Loro non si impossessano, cioè, di moduli espressivi storicizzati e codificati quasi fossero *ready made* duchampiani, oggetti d'uso da reinterpretare in un nuovo contesto di significati. McDermott e McGough operano una sorta di *transfert* regressivo e si collocano a tutti gli effetti negli anni precedenti alla loro contemporaneità. È solo per puro accidente se le loro opere sono realizzate negli anni Ottanta o Novanta... Non c'è retrodatazione nei loro quadri, come immediatamente potrebbe apparire: è che loro il presente lo spostano il più indietro possibile. Del futuro sanno già tutto, ma non lo trovano accettabile. “Ho guardato nel futuro”, ha dichiarato McDermott, “e non ho nessuna intenzione di andarci”. È la loro idea di gusto a determinare l’epoca che vale la pena di essere vissuta: e il gusto – si sa – non sempre va d’accordo con l’ideologia e la *religione del progresso*. Lo *status* etico di McDermott e McGough impone altre scelte.

A TRE VOCI

“Il nostro lavoro è una vera e propria predicazione che ha come obiettivo rendere felici e fare arricchire tutti i nostri amici. Tutti quelli che amiamo devono diventare ricchi e felici. Da qualche anno, infatti, sosteniamo che la nostra arte non è basata sul talento. Sta tutta nelle mani di Dio. E così, nel momento in cui abbiamo fatto questa dichiarazione, abbiamo avuto successo e denaro”. David McDermott e Peter McGough hanno elaborato un’idea dell’arte che ha spiazzato completamente gli schemi e le strategie correnti: propongono un’idea di amore che sostituisce quella di sperimentazione, un’idea di Dio che travalica ogni dimensione temporale. Praticano l’arte al di là di ogni logica strumentale di contemporaneità, per ritrovare una dimensione del tempo aderente solo alle loro tensioni poetiche e al loro gusto. È per questo che McDermott & McGough hanno iniziato spostando la loro esistenza e la loro pittura indietro di un secolo, quando negli Stati Uniti nasceva sulle rive del fiume Hudson la prima scuola di pittura americana. Quando, cioè, una nazione senza storia scopriva che l’unica sua eredità concreta era ancora la Natura e il suo diretto rapporto con un’Idea generatrice superiore. Natura e credenza religiosa (i due artisti appartengono alla “Scienza di Cristo”, una setta fondata a Boston nel secolo scorso) sono gli elementi centrali del

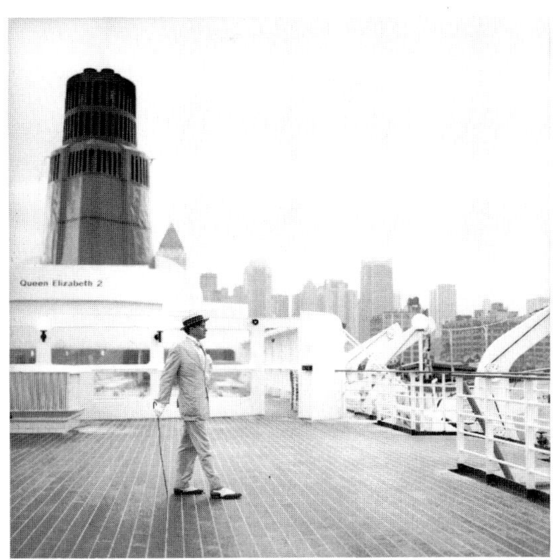

New York, 1993-94

loro lavoro e, allo stesso tempo, i cardini su cui ruota la loro inversione di tempo: "Ogni epoca è uguale a quella precedente", dicono McDermott e McGough. "Oggi infatti non è solo un anno con la sua data precisa: per il semplice motivo che tutti gli altri anni vi sono già contenuti..."

Però la vostra scelta di tempo è netta: fate riferimento, o meglio, vivete nell'Ottocento. Tutt'al più nei primi decenni del Novecento...

"Amiamo ritornare indietro nella maniera più facile possibile. L'Ottocento è il secolo più semplice. Per noi che viviamo a New York è molto importante per esempio ritrovare la città così com'era tra il 1835 e il 1865. Probabilmente se vivessimo a Las Vegas faremmo di tutto per *ritornare* negli anni Cinquanta... La nostra attività di pittori è distinta in due momenti: uno *domestico*, dove il riferimento temporale è per l'appunto il periodo 1835-65, e uno *pubblico* (il *business*) riferito agli anni 1900-25. Potrà suonare strano, ma noi quanto più guadagniamo tanto più cerchiamo di andare indietro nel tempo. Il nostro sogno è di ritornare nel Settecento".

In questo atteggiamento quanto c'è di critica alla società (in particolare a quella americana contemporanea) e quanto di scelta poetica?

"La nostra è una scelta artistica, basata su una provocazione di carattere economico. Oggi siamo ancora costretti ad adattarci a un sistema che vige nel mondo dell'arte, ma il giorno in cui avremo il massimo successo sarà difficile, ad esempio, per un mercante d'arte avere contatti con noi. Anche loro dovranno adeguarsi al nostro sistema di vita: dovranno presentarsi a noi in carrozza e con le parrucche incipriate... La società in cui viviamo non è ancora sufficientemente poetica".

Lindau, 1993

Quando è cominciato questo processo di fuga nel tempo?

DAVID: "Mia madre odiava tutte le cose vecchie. A lei piaceva solo il *moderno*, gli anni Cinquanta. Mia nonna, al contrario, amava solo quelle antiche: tra questi due estremi ho cominciato a rendermi conto del dinamismo del tempo. Un'altra grande influenza l'hanno esercitata i film hollywoodiani degli anni Trenta: li amavo troppo e mi rendevo conto che o continuavo a guardarli o cominciavo a viverli. Negli anni dell'adolescenza l'idea di non poter vivere in questo mondo di film mi ha provocato non poche frustrazioni".

PETER: "Io invece ero molto annoiato dalla vita di New York, dagli amici, dalla mia casa, dai quadri che dipingevo in quegli anni. Ero in attesa che succedesse qualcosa. Poi ho incontrato David, che già faceva parte di un gruppo di gente che viveva alla maniera degli anni Trenta. David, forse, era il più fanatico, tanto che alcuni lo credevano pazzo da legare. Gli altri, invece, vivevano in maniera schizofrenica, non riuscendo del tutto a rinunciare al contemporaneo".

DAVID: "C'è da dire anche un'altra cosa: il bisogno che gli americani hanno di guardare al futuro, sempre di più li spinge a ritornare al passato. È normale pensare al futuro solo perché tutto va avanti, io penso invece che è molto più radicale e progressivo pensare ad un futuro, che altro non è che una proiezione del passato".

In questa operazione di spiazzamento come si colloca la vostra idea dell'arte?

"Noi non siamo collezionisti del passato, siamo interessati a produrre una radicale trasformazione della società. Attenzione però: il termine *radicale* noi lo sostituiamo con quello cristiano. I 'radicali' dei nostri giorni non capiscono che il segreto sta proprio nella parola cristiana. Cristo è stato una figura radicale, perché non ha mai tentato di adattarsi. Voleva distinguersi".

È un'immagine dandy che avete di Cristo...

"Cristo era un dandy: vestiva abiti particolari per quell'epoca. Abiti senza cucitura confezionati dalla madre. Quando camminava per strada, attirava l'attenzione per la sua diversità, per i suoi abiti. Ecco perché quando l'hanno crocifisso si sono divisi la tunica. Noi siamo seguaci di Gesù e ci interessa solo quello che lui diceva, non le interpretazioni delle sue parole. Lui ci ha dato un nuovo comandamento: ama il tuo prossimo come te stesso, e questo ci basta per essere buoni artisti e avere successo".

[1] Jerry Saltz, *Istantanea. Arte americana 1980-1989*, in *American art of the 80's*, Electa, Milano 1991.

[2] Thomas Sokolowski, *L'arte americana degli anni Ottanta*, in *Anniottanta*, Mazzotta, Milano 1985.

[3] *Ibidem*.

[4] *Ibidem*.

McDermott & McGough
The Future has no Tomorrow...

There are artistic periods which – due to strange astral combinations, the creation of tales or of lived experiences – become the paradigm of a whole epoch. A turning point symptomatic of a change that, for better or worse, claims to be a break with the past and to have long lasting effects. Perhaps *new* is not the right word to describe these periods because they do not create new ways of thinking or behaving, but they certainly produce seeds which sooner or later will spread. One such richly contagious period – one still to be interpreted – was lived through in America in the Eighties, the effects of which continue to be felt.

The Eighties began in America many times and in many places. They began in New York and in Los Angeles, in all the trend-setting galleries and in all the art schools. From the early Seventies they have begun practically every year... The Eighties were already in an advanced stage of preparation: they were being incubated in the experiences and the choices made in the preceding decade. "In this confused decade of formation and reformation, such a quantity of things were seen that inevitably a certain amount of important *genes* were transmitted, while many others were eliminated: the stronger organisms were able to develop in the most hostile and frenetic (even though financially extremely fecund) environment of the Eighties."[1]

It was in the ten years of the Eighties that art in America (and, more surprisingly, in Europe) reached an unprecedented level of popularity. And, at the same time, it was the endless cause of scandals and of mystification, thereby becoming an extremely dangerous territory. "This phenomenon of the Eighties is unique in the history of the art of the XX century; its peculiarity is not only based on the formal differences of the works themselves, but also on the equally different partisans who ideologically and commercially formed up under fictitious banners."[2]

Moderns against Postmoderns

The *theoretical* knot to be untied, quite apart from a thousand other more or less accidental implications (Reaganist hedonism, the start of ideological crises, cynicism raised to a new *ethical level...*) is still the one that in the preceding decade, and above all in architecture, had witnessed an opposition between Modernists and Postmodernists. For the former the end of modernity, and therefore of the utopia of the *aesthetic project* and of self-referential art, resulted not in a *new art work*, but in the *ruins of taste*. The Postmodernists, on the other hand, consider this a happy and detached time for returning to confront the social phenomena in which art lived, in order to learn once again how to look at and interpret the world. "For once paradise lost lives together with paradise gained... To use a mundane paragon, if Modernism is passionate and active, Postmodernism aims at a non-artistic state, at working within a global context that is wider because it is marked by extra-artistic ends."[3]

The argument ended with the triumph of Postmodern poetics over Modernism certainties (and, with regard to this, it is still too early to say whether this was a good thing or just an unavoidable evil...). In this quickly determined new context every hierarchy collapsed; consolidated aesthetic values became the victims of a devastating upheaval, the distance between cultured art and popular art, between popular taste and over-refined sensitivity was reduced to a minimum. The *poor* and creative languages of the metropolis assault cultured dictionaries: Graffiti art was the first mass art phenomenon to impose itself, first on New York and then, with the violence of a virus, on

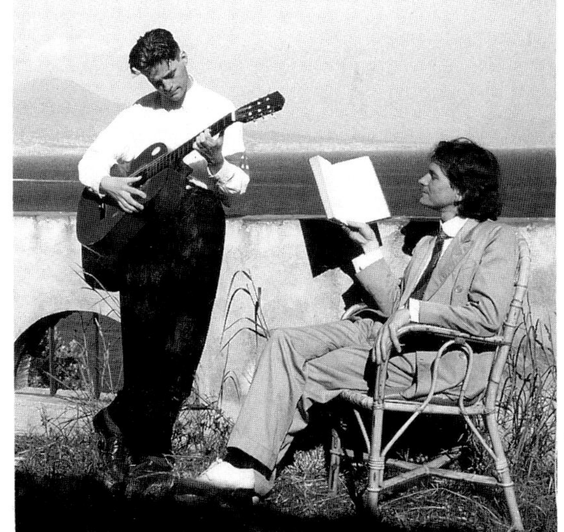

Napoli, 1986

the other side of the Atlantic. This is not a question of ludic language, desecrating and within the reach of all, but of an anarchic and joyously infantile attitude. With the Graffiti artists there was born the first generation of *talented kids*, eternal *punks* experiencing an endless show: Keith Haring and Prince, Jean-Michel Basquiat and Michael Jackson, a subway station and the Tony Shafrazy gallery, a sauna and the Madison Square Garden all guarantee the same event...

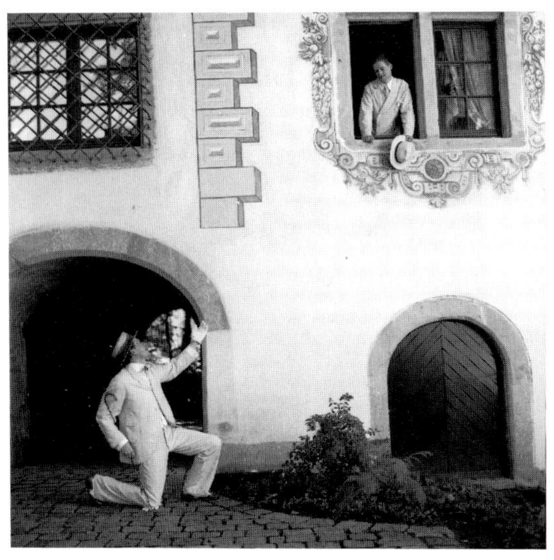

Bregenz, 1993

The reverse of the *great show* is one of *young masters*, i.e. those artists who, after having discovered *Painted painting* (as happened in Italy, with the Transavanguardia, and in Germany first with Joseph Beuys and then with the "New Savages"), discovered a new sentiment rooted in the American painting *tradition*.

The tradition, of the Abstract Expressionists, of the Pop of Andy Warhol and Jasper Johns, but also of the earlier Edward Hopper, of Thomas Eakins, of the group of "Eight." But, above all, they follow the Hollywood dream of the creation of a masterpiece. Julian Schnabel, for example, is one of these young lions who plunged at once into the evident struggle of a masterpiece. Still others, like David Salle, Philip Taaffe, Peter Halley, Jeff Koons, to mention just a few, embody the very essence of the postmodern artist. And their works supply a cross-section of the best and the worst of an eclecticism that has become a system...

"So what can one say about the general state of the art of the Eighties? Do we find ourselves in front of the ruins of taste, freed from tasks and responsibilities? Has art perhaps become a mere artefact at the service of more important extra-artistic motivations? Perhaps, in Charles Baudelaire's words, we can say that the art of the Eighties can be defined like this: "The beautiful is always bizarre"; or better still as "The spontaneous celebration of a moment."[4]

Four Hands

Completely different to this scintillating, fast, superficial, contagious atmosphere (Yuppie, as it was called until only yesterday), but certainly magical and organic to a Postmodern *zeitgeist*, is the research of David McDermott (Hollywood, California, 1952) and Peter McGough (Syracuse, New York, 1958): two artists who work together and produce art with four hands. But two artists who, above all, have displaced their time of action and behaviour backwards by many decades with respect to the *debate* mentioned earlier. A use of a kind of *rétro* language is not for them, as it has been for many others, a type of reaction against progress as an inexorable evolutionary trend. McDermott and McGough live the past as an existential provocation.

In 1984, on the occasion of their first show, called "Genuine Meiji Paintings," at the North Store Gallery in New York, they showed a series of small oils on canvas dated 1884 and painted in the Japanese manner of the Nineteenth century. As with many original Meiji prints, the paintings of McDermott and McGough had a complex motivation: the impulse to decorate, the stimulus of making converts, and a continuing interest in a highly comical yet quite serious recreation of the world. Two years later, in their first Italian show at the Lucio Amelio Gallery in Naples, not only did they show a group of canvases painted in the manner of American Romantic painting, but they transformed the gallery into an American interior (of about halfway through the last century) where the artists – who had become the hosts – received the public, offering them fruit, tea, and involving them in their religious practices, consisting of prayers and hymn singing.

Their wanderings from one age to another (from the Nineteenth century to the Thirties, arriving as far as the Forties) cannot be simplistically related to the linguistic nomadism of European painting of the period. That is, they did not take over historicised and codified expressive models as though they were Duchampian Ready-mades or utensils to be reinterpreted in a new context of meanings. McDermott and

McGough deal with a kind of regressive transfer and locate themselves completely in the years preceding their own contemporaneity. It is just by chance that their works are executed in the Eighties and Nineties... Their paintings are not backdated, as it might seem at first sight: it is just that they push the present as far back as possible. They already know everything of the future, but they do not find it acceptable. "I have looked into the future," McDermott has said, "and I have no intention of going there." It is their idea of taste which determines the age in which it is worthwhile living: and taste – as we know – does not always go hand in hand with ideology and the "religion of progress." The ethical status of McDermott and McGough imposes other choices.

Three Voices

"Our work is genuine preaching which aims at making our friends rich and happy. All those we love must become rich and happy. For some time, in fact, we stated that our art is not based on talent. It is all in the hands of God. And so, since we made this statement, we have had success and money." David McDermott and Peter McGough have elaborated an idea of art that has completely eliminated current schemes and strategies: they propose an idea of love that substitutes that of experimentation, an idea of God who overcomes all time dimensions. They practise an art quite beyond any instrumental logic of contemporaneity in order to find a time dimension which is in syntony only with their poetic tensions and their taste. It is for this that McDermott and McGough began by displacing their existence and their painting back a century when, along the banks of the Hudson river in the United States, the first school of American painting was being born. When, that is, a nation without history discovered that its only concrete heredity was Nature and its direct relationship with a superior generating Idea. Nature and religious belief (the two artists are Christian Scientists, a movement founded in Boston in the last century) are the central elements of their work and, at the same time, the foundation of their reversal of time: "Each age is the same as the preceding one," say McDermott and McGough. "Today, in fact, is not just a year with a precise date: for the simple reason that all the other years are already contained in it..."

However, your choice of time is quite precise: you refer or, better, you live in the Nineteenth century. What's more, in the first decades of the Nineteenth century...

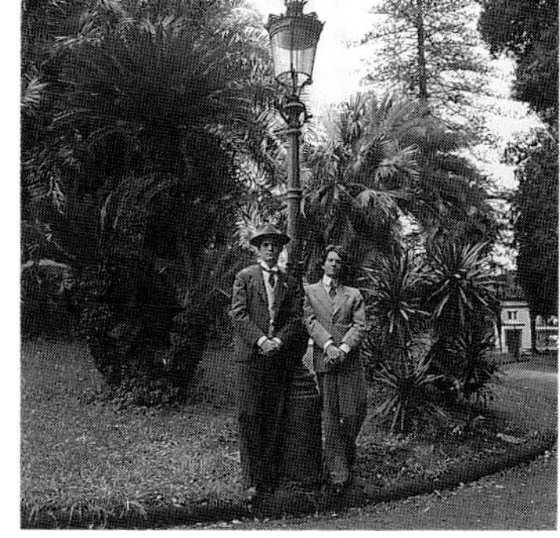

Napoli, 1986

"We love to go back in time in the easiest way possible. The Nineteenth century is the simplest century. For those of us who live in New York it is very important, for example, to find the city as it was between 1835 and 1865. Probably if we lived in Las Vegas we would do our best to *return* to the Fifties... Our painting activity is split into two distinct moments: one is *domestic*, where the time reference is to the 1835–1865 period, and the other is *public* (business) which refers to the years from 1900 to 1925. It might sound weird, but the more we earn the more we try to go back in time. Our dream is to go back to the Eighteenth century."

How much is there in this of criticism of society (in particular of contemporary American society) and how much of poetic choice?

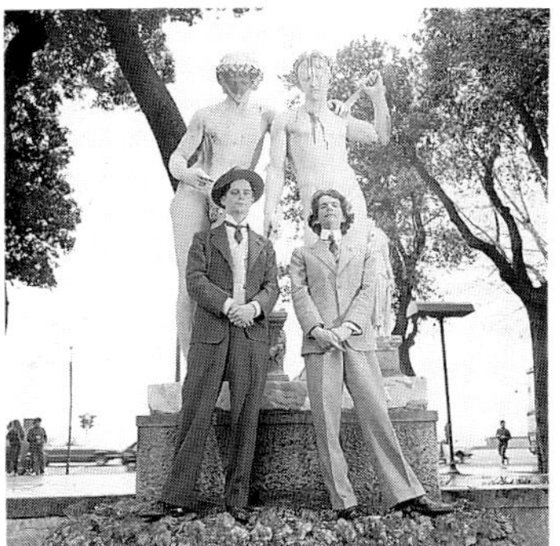

Napoli, 1986

"Ours is an artistic choice, based on an economic kind of provocation. Today we are still forced to adapt ourselves to a dominating system in the art world, but the day we have our greatest success it will be difficult, for example, for an art dealer to be in contact with us. They too will have to adapt themselves to our way of life: they must come to us in a carriage and with powdered wigs... The society in which we live is still not poetical enough."

When did you begin this process of escaping in time?

DAVID: "My mother hated old things. She only liked *modern* things, Fifties things. My grandmother, instead, only loved antiques: between these two extremes I began to understand something about the dynamism of time. Hollywood movies of the Thirties also had a big influence on me: I loved them too much and I realised that either I carried on watching them or else I would have to begin to live them. When I was a teenager the idea of not being able to live in this world of films created quite a few frustrations."

Peter: "Instead I was bored to death with life in New York, with my friends, my home, the pictures I was painting then. I was waiting for something to happen. Then I met David, who was part of a group of people who lived in the style of the Thirties. Perhaps David was more fanatical, in fact others thought he was completely crazy. The others, instead, lived in a schizophrenic way, they couldn't quite shake of the present."

David: "And there's another thing to say: the need the Americans have for looking forwards to the future keeps on pushing them back to the past. It's normal to think of the future just because everything goes ahead, but I think that it is much more radical and progressive to think of a future which is only a projection of the past."

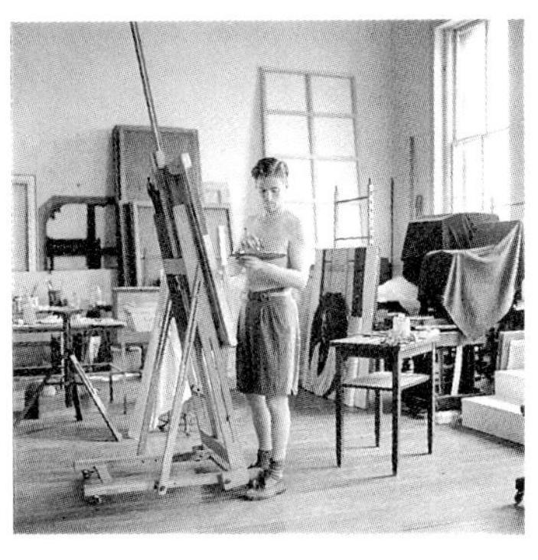

New York, 1993-94

Where, in this displacement operation, does your idea of art find its place?

"We are not collectors of the past, we are interested in producing a radical change in society. Careful though: we substitute the term radical with Christian. The *radicals* of today do not understand that the secret lies right in the word Christian. Christ was a radical figure, because he never tried to adapt himself. He wanted to distinguish himself."

You see Christ as a Dandy...

"Christ was a Dandy: He wore very particular clothes for His time. Clothes without seams made by His Mother. When He walked along the streets He attracted attention because of His diversity, because of His clothes. That is why when He was crucified His tunic was divided up. We are followers of Jesus and we are interested only in what He said, not in interpretations of His words. He has given us a new commandment: love thy neighbour as thyself, and this is enough for us in order to be good artists and to have success."

[1] Jerry Saltz, "Istantanea. Arte americana 1980–1989", in *American Art of the 80's*, Electa, Milan 1991.
[2] Thomas Sokolowski, "L'arte americana degli anni Ottanta", in *Anniottanta*, Mazzotta, Milan 1985.
[3] *Ibidem.*
[4] *Ibidem.*

Opere in mostra
Exhibited Works

The Gentlemen's Agreement (1856), 1990-95
olio su tela
111,7 x 86,4 cm

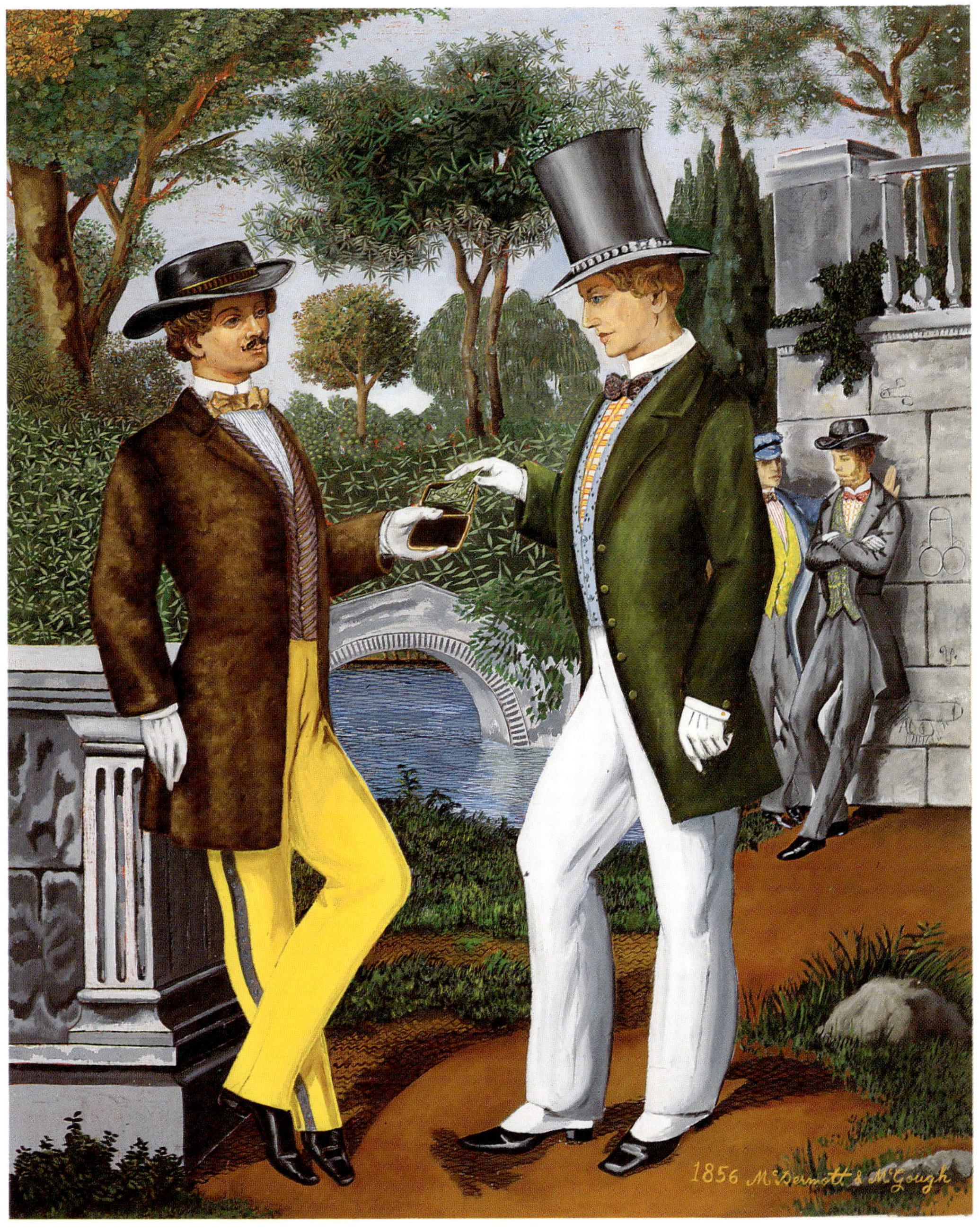
1856 McDermott & McGough

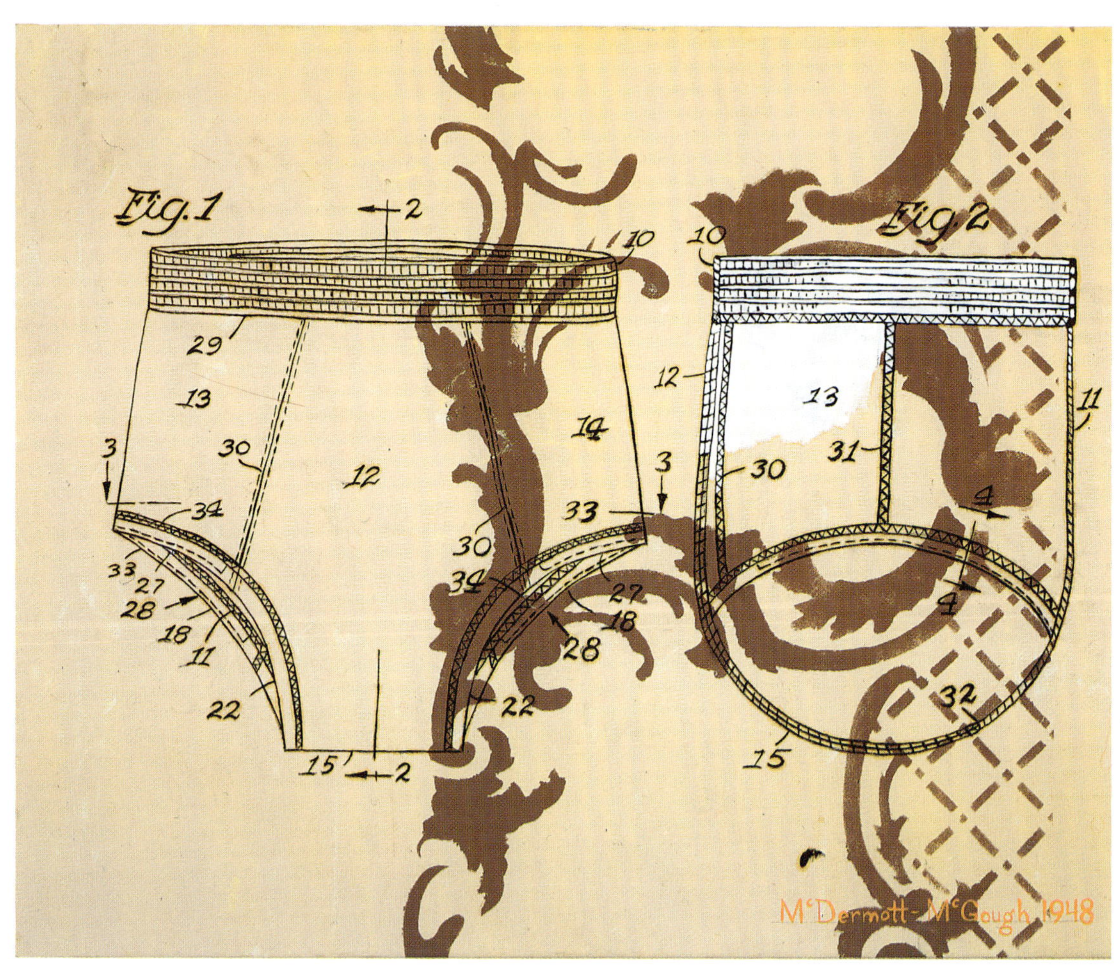

Underwear Painting (1948), 1993-95
olio su tela
76,2 x 96,5 cm

Underwear Painting (1935), 1993-95
olio su tela
138,4 x 127 cm

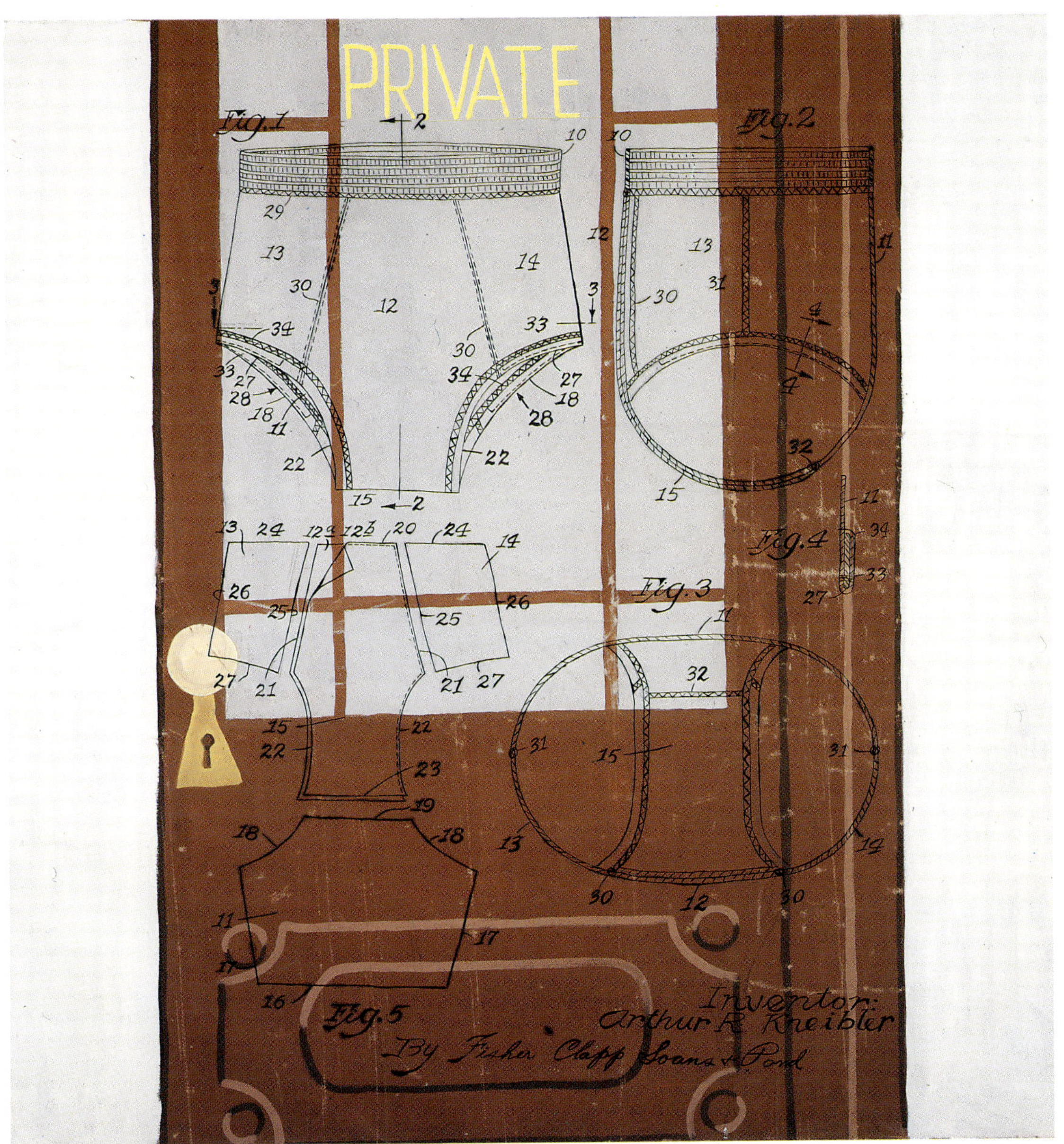
PRIVATE
Fig. 1
Fig. 2
Fig. 3
Fig. 4
Fig. 5
Inventor:
Arthur R. Kneibler
By Fisher Clapp Soans & Pond

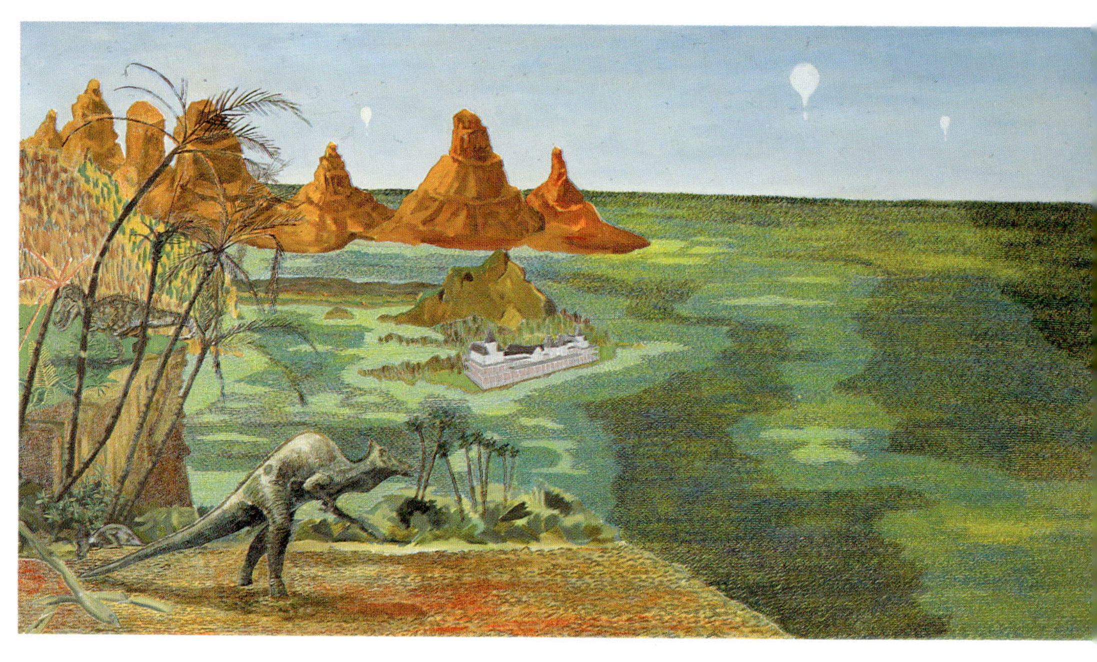

Primeval Perambulation (1867), 1990-96
olio su tela
dittico: 76 x 274 cm complessivi

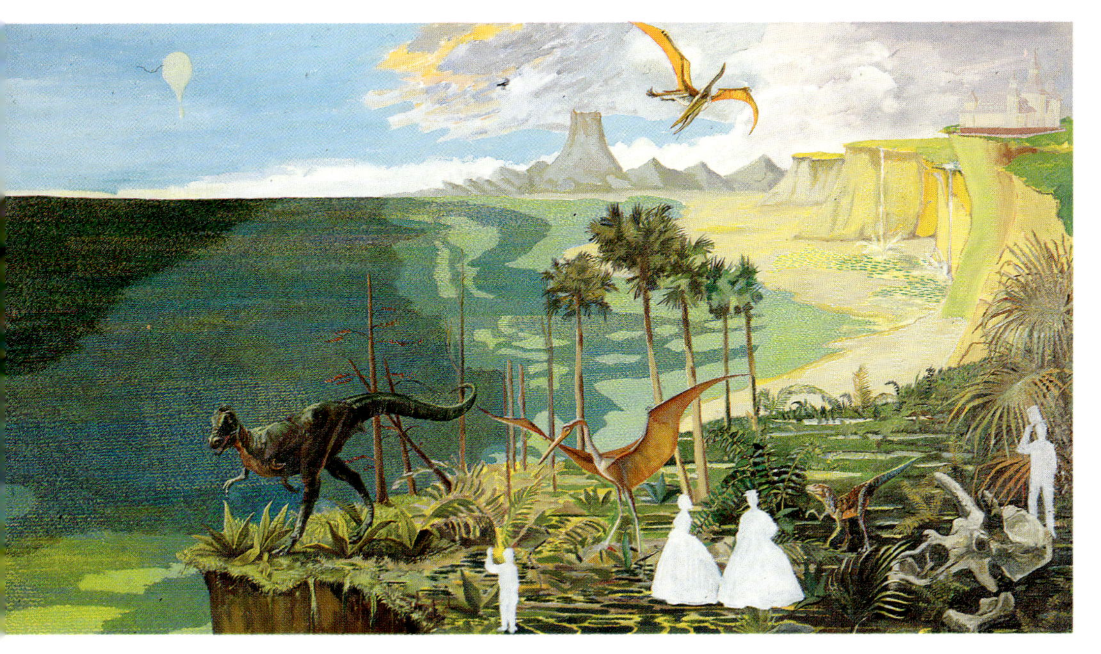

The 92561th Occurence of the 13th Instance
of January 1912, 1994-95
olio su tela
137,1 x 91,4 cm

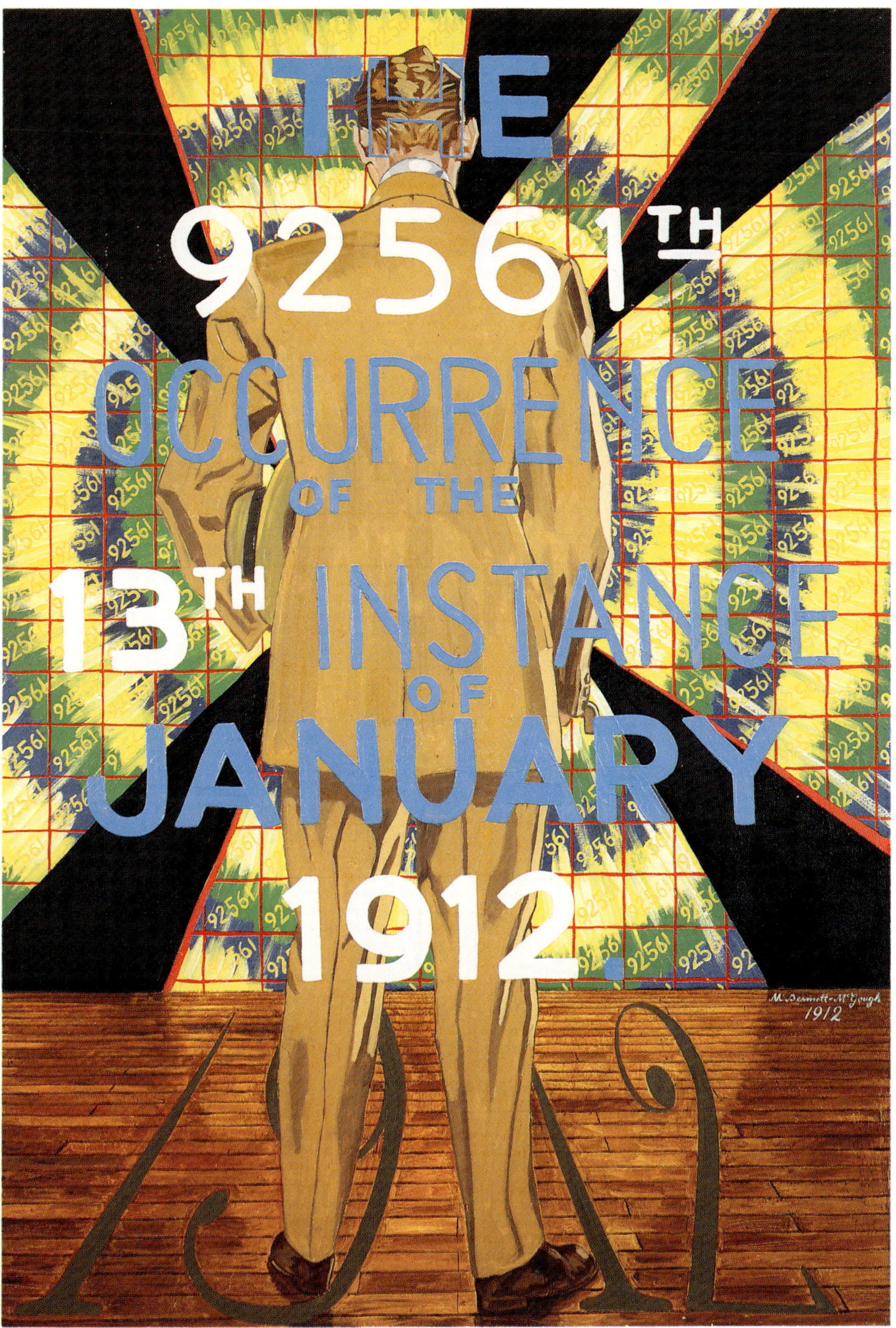
THE
92561TH
OCCURRENCE
OF THE
13TH INSTANCE
OF
JANUARY
1912.
M. Dermott-M. Gough
1912

The 82679th Occurence of the 19th Instance of April 1928, 1994-95
olio su tela
123,1 x 120,6 cm

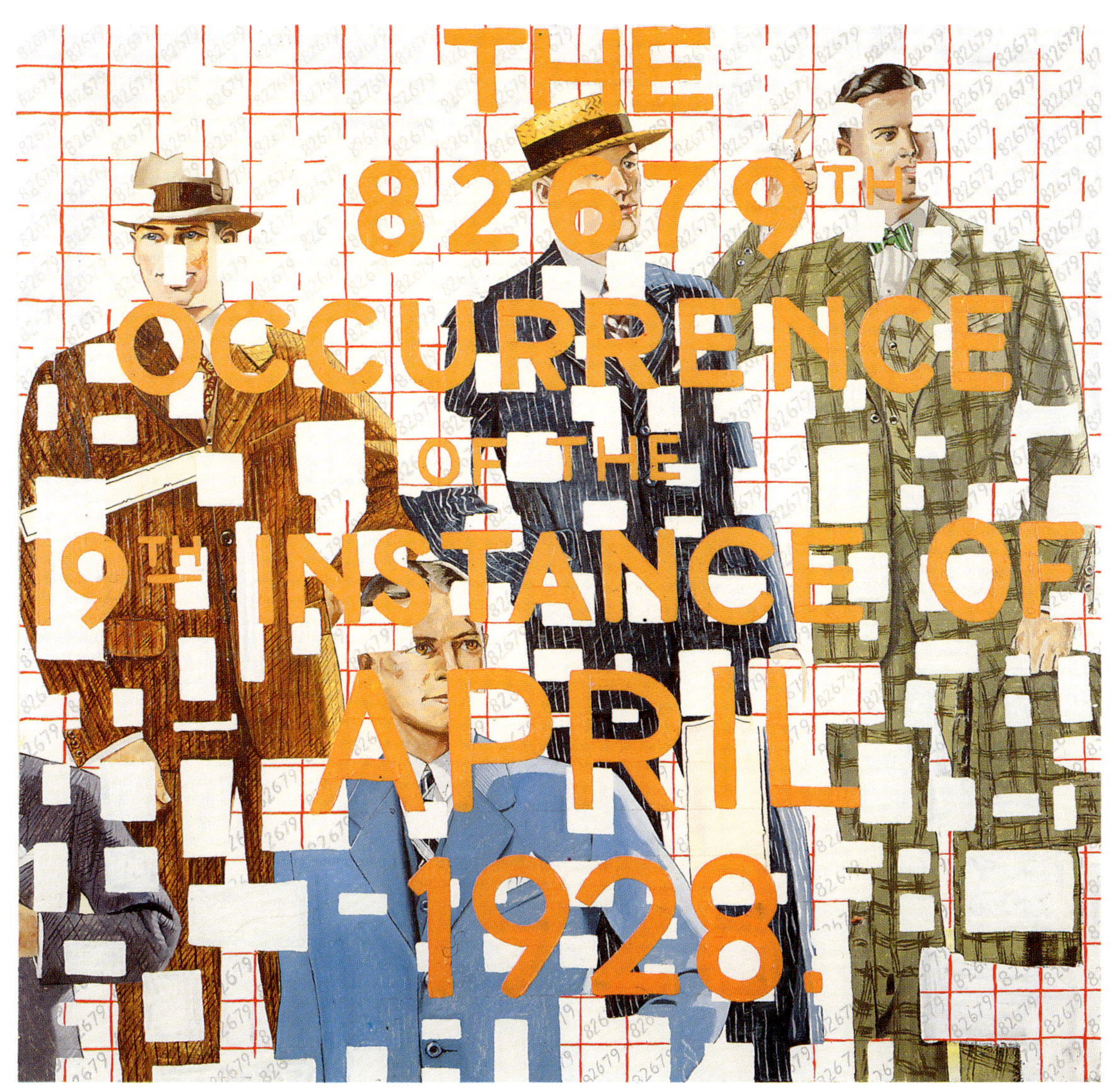
THE
82679TH
OCCURRENCE
OF THE
19TH INSTANCE OF
APRIL
1928.

If I've Been Happy Then Your To Blame
(92567 Instance), 1994-95
olio su tela di lino
112 x 61 cm

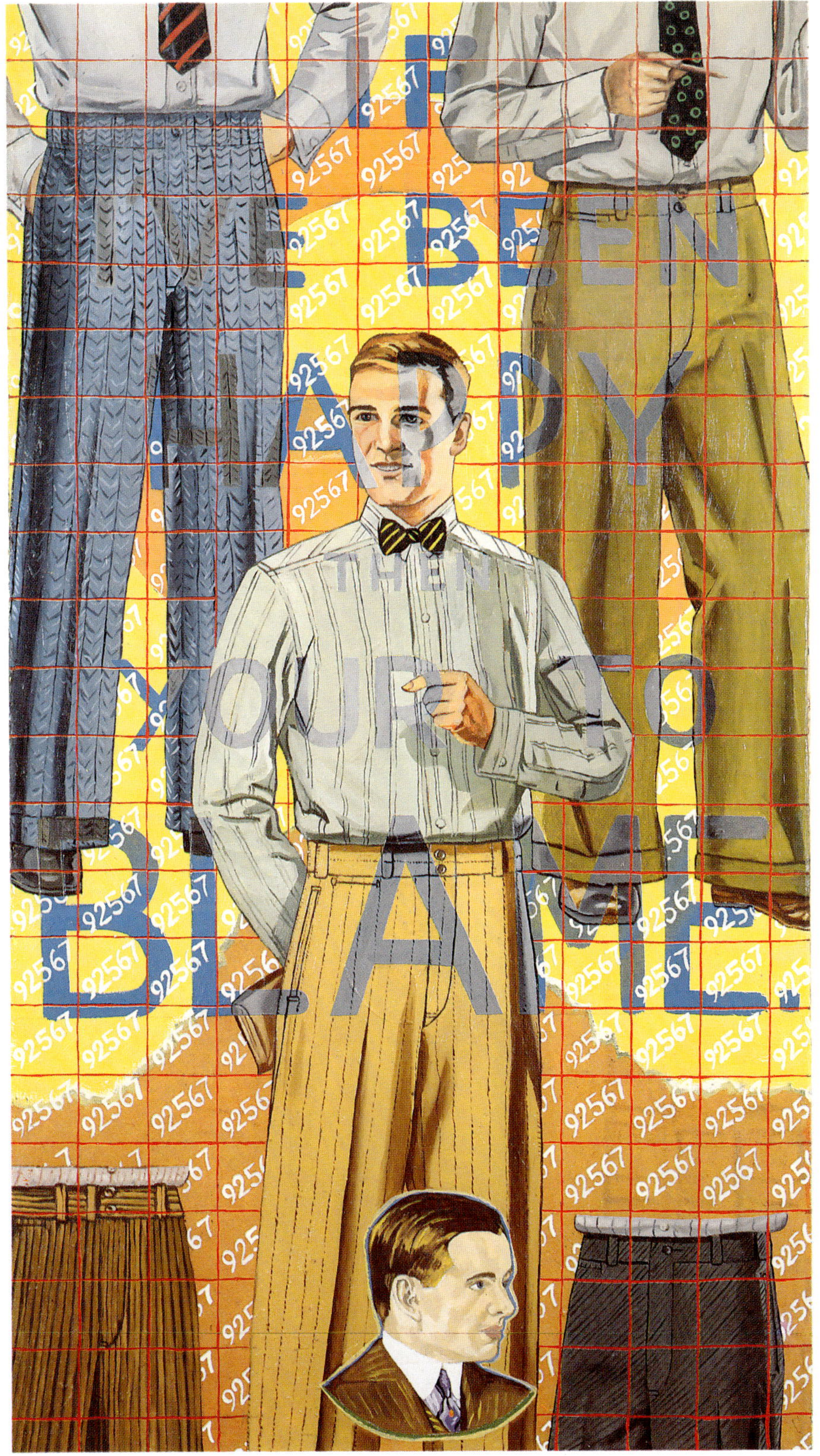
92567
BEEN
HAPPY
THEN
BLAME.

The 3278th Occurence of the 42nd Instance of June 1935, 1994-95
olio su tela
123,1 x 120,6 cm

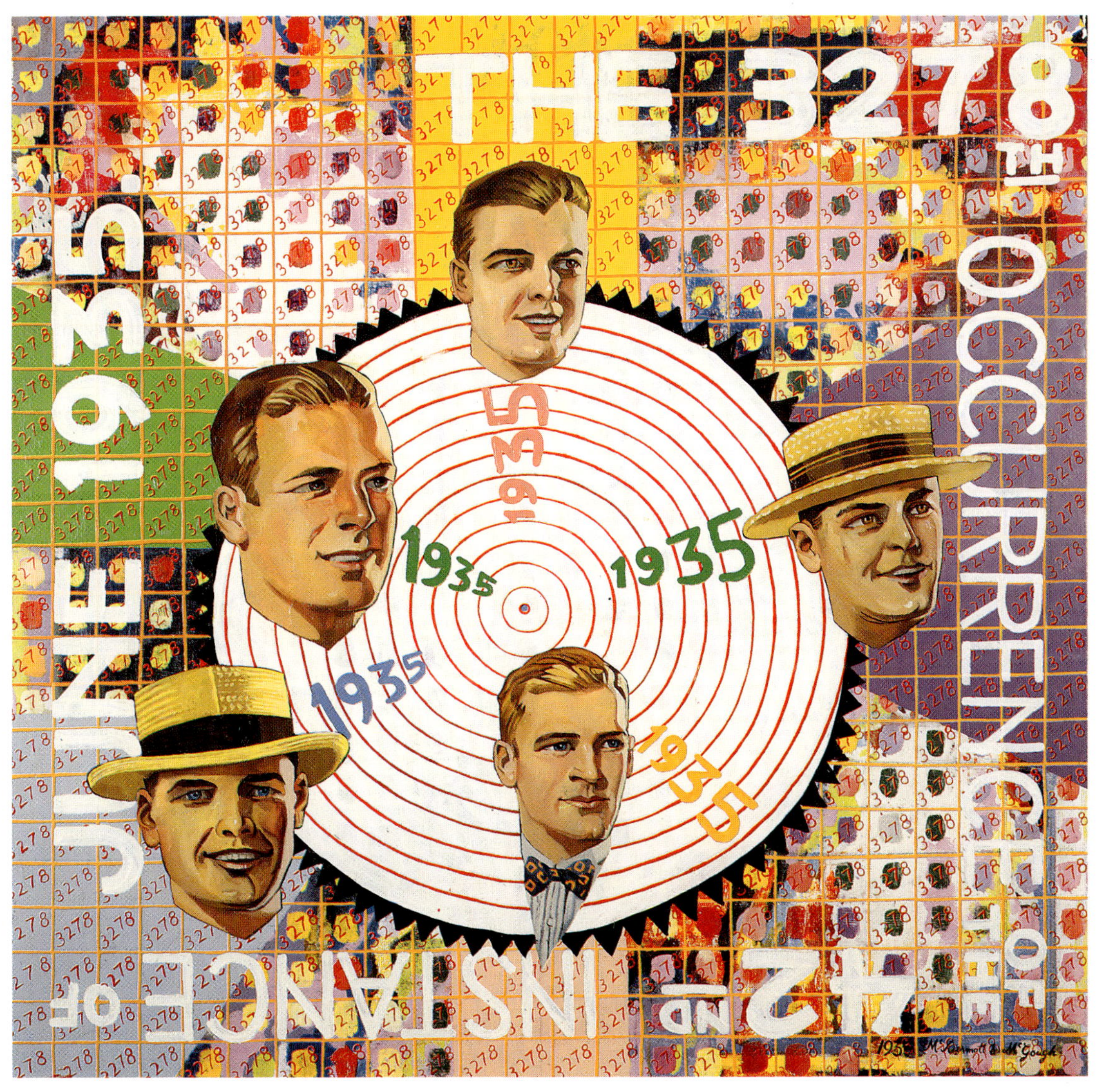
THE 3278TH
OCCURRENCE
OF THE
42ND
INSTANCE
OF
JUNE 1935.
1935
1935
1935
1935
1935

Men With Cloud (The 24731st Instance)
(1936), 1994-95
olio su tela
116,8 x 76,2 cm

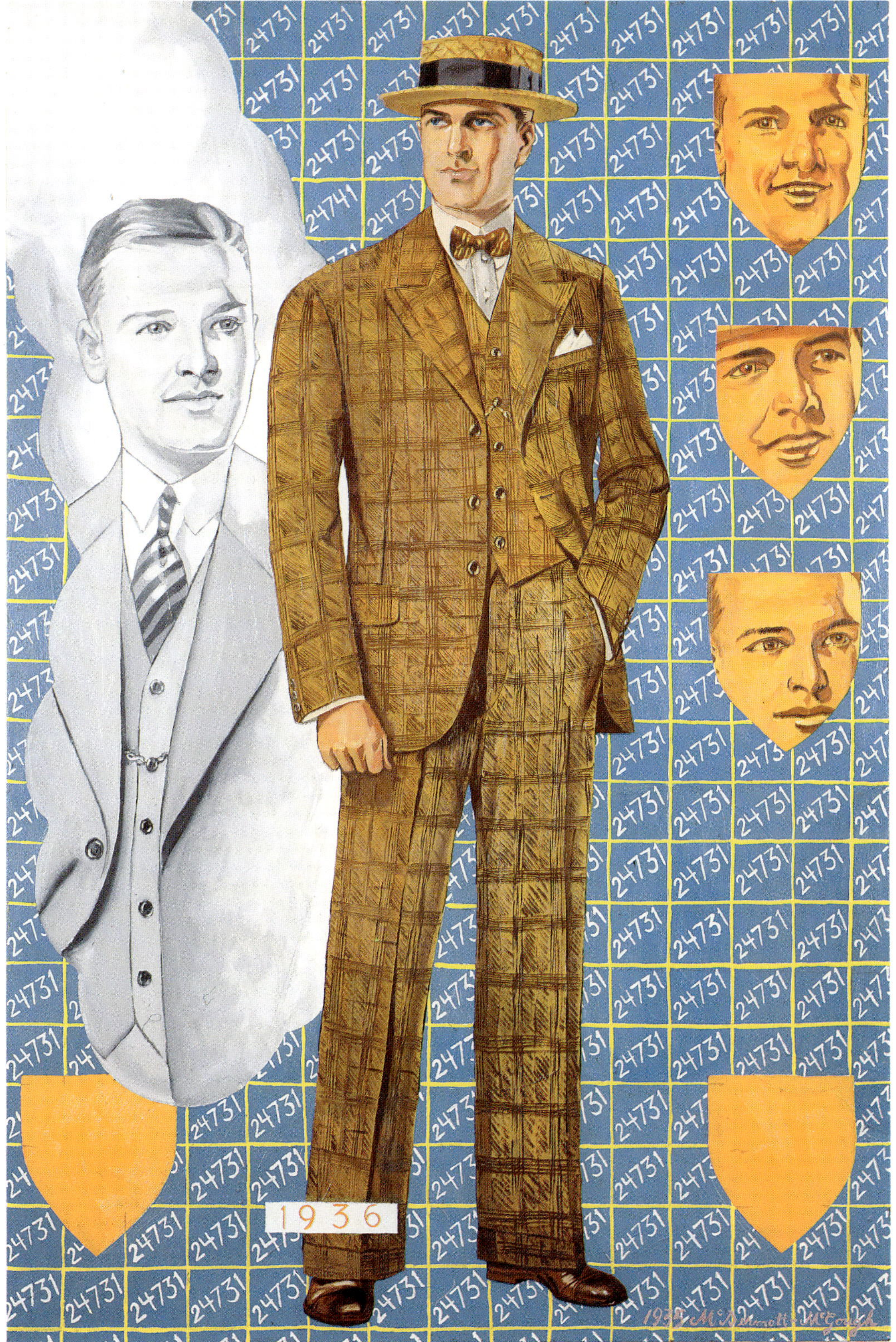
24731
1936

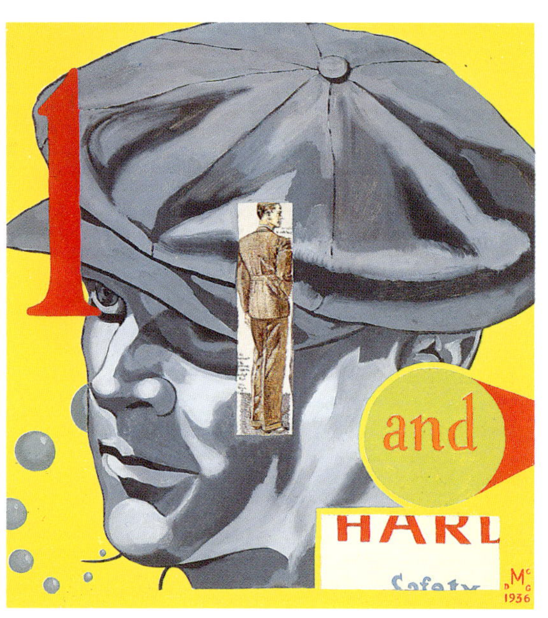

1-1936, 1994-95
olio su tela
50,8 x 55,8 cm

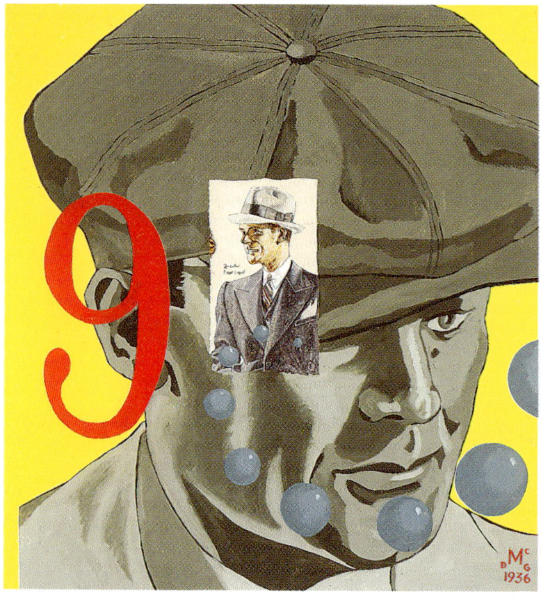

9-1936, 1994-95
olio su tela
50,8 x 55,8 cm

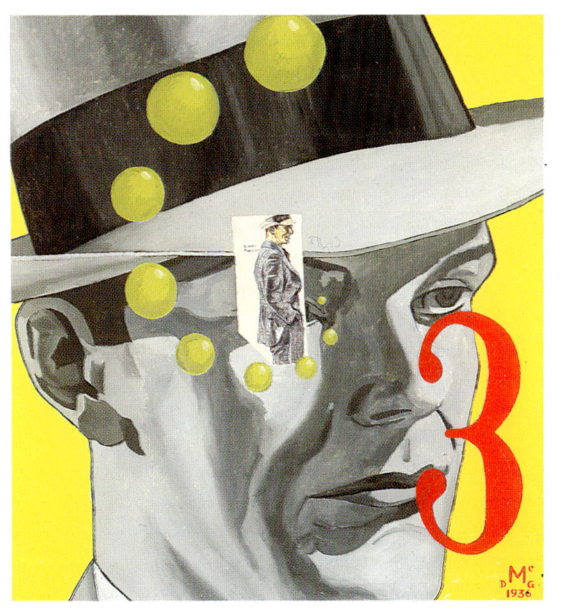

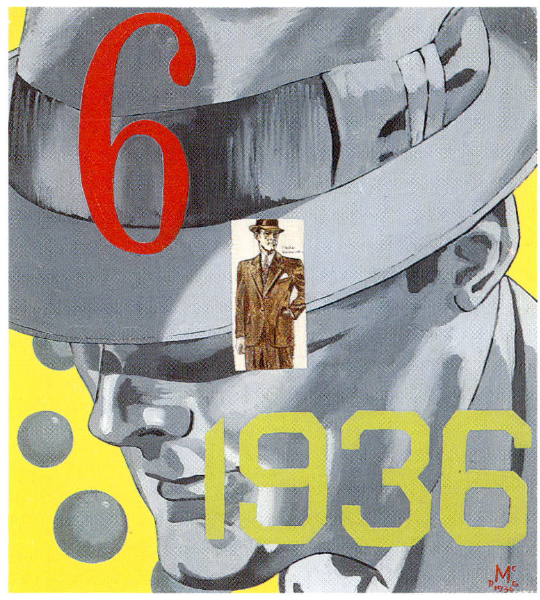

3-1936, 1994-95
olio su tela
50,8 x 55,8 cm

6-1936, 1994-95
olio su tela
50,8 x 55,8 cm

A Love That Cannot Live, Yet Never Dies
(1928), 1994-95
olio su tela
213,3 x 137,1 cm

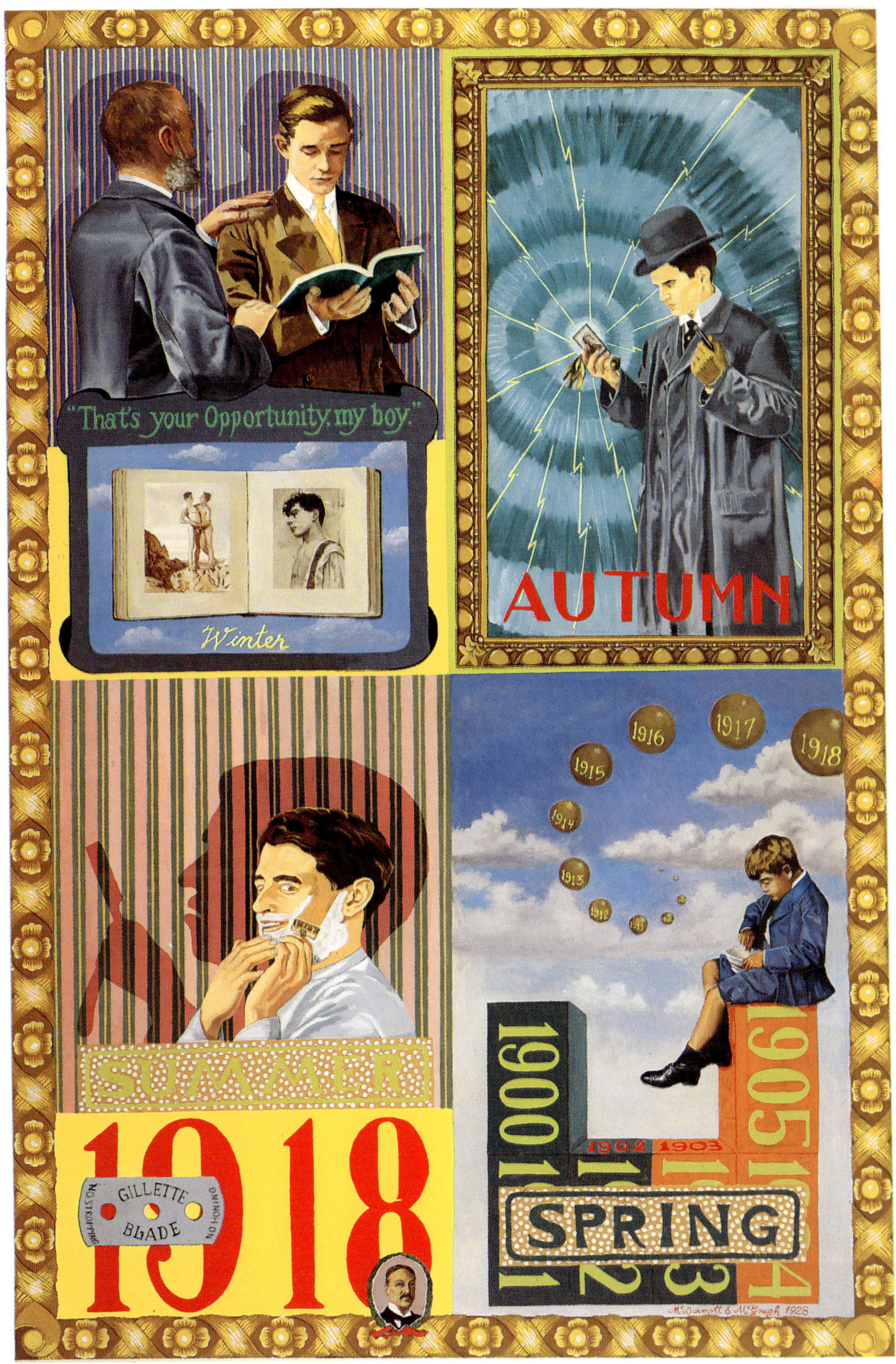
"That's your Opportunity, my boy."
Winter
AUTUMN
SUMMER
1918
GILLETTE
BLADE
NO STROPPING
NO HONING
1916
1917
1918
1915
1914
1913
1912
1900
1905
1902
1903
SPRING
McDermott & McGough 1928

Now My Charms Are All O'erthrown (1896),
1994-95
olio su tela
60,9 x 152,4 cm

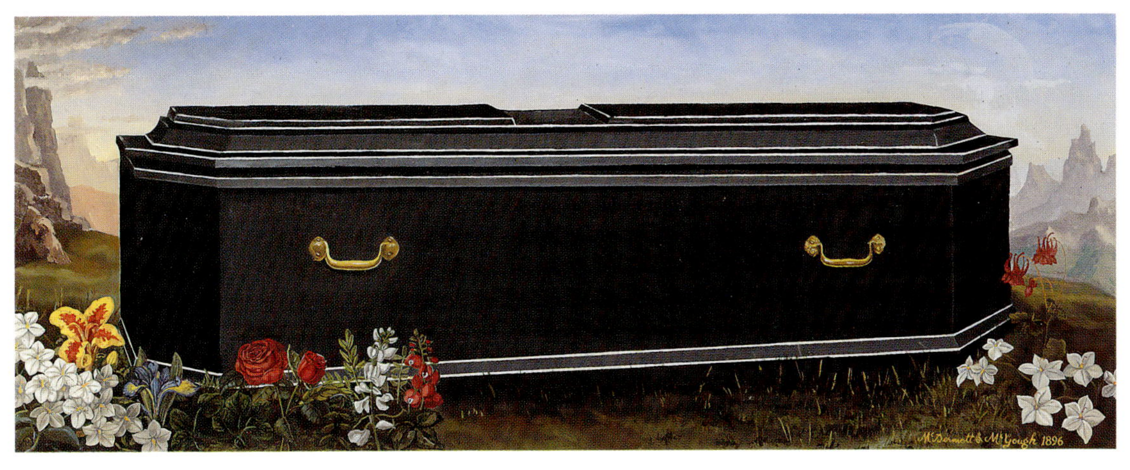
McDermott & McGough 1896

Meiji Series, 1984
olio su tela
sette elementi: due da 25 x 60 cm ciascuno,
tre da 25 x 25 cm ciascuno, uno da 25 x 30 cm
e uno da 25 x 35 cm

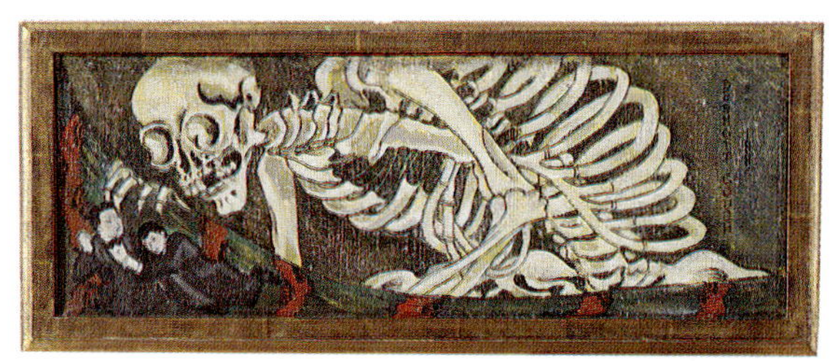

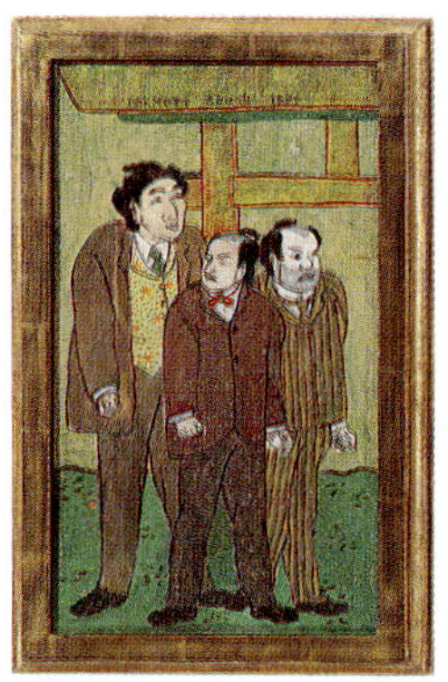

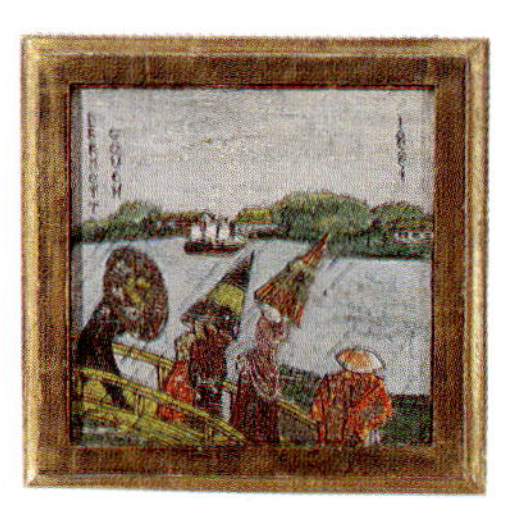

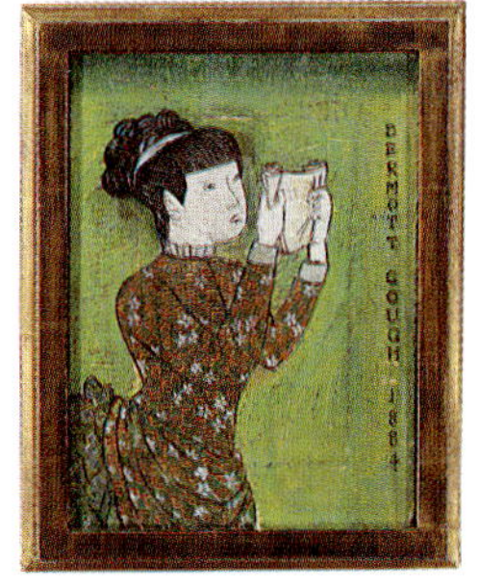
DERMOTT GOUGH 1884

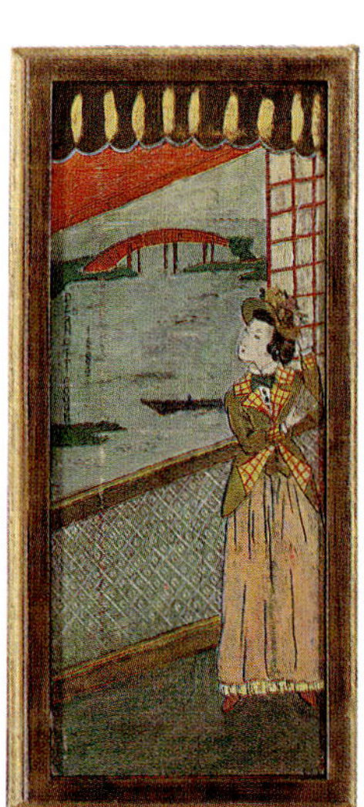

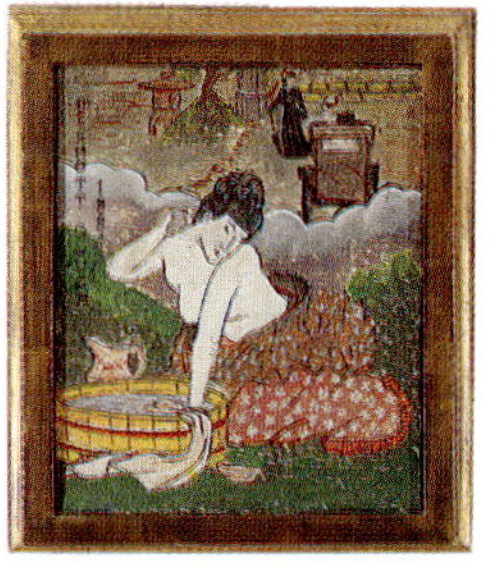

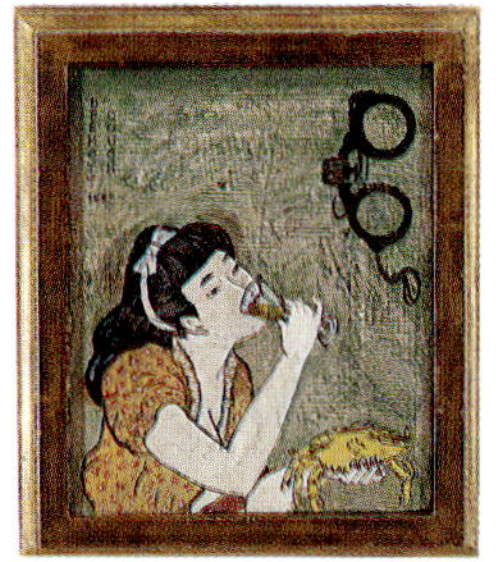

The Newspaper, 1985
olio su tela
152 x 152 cm

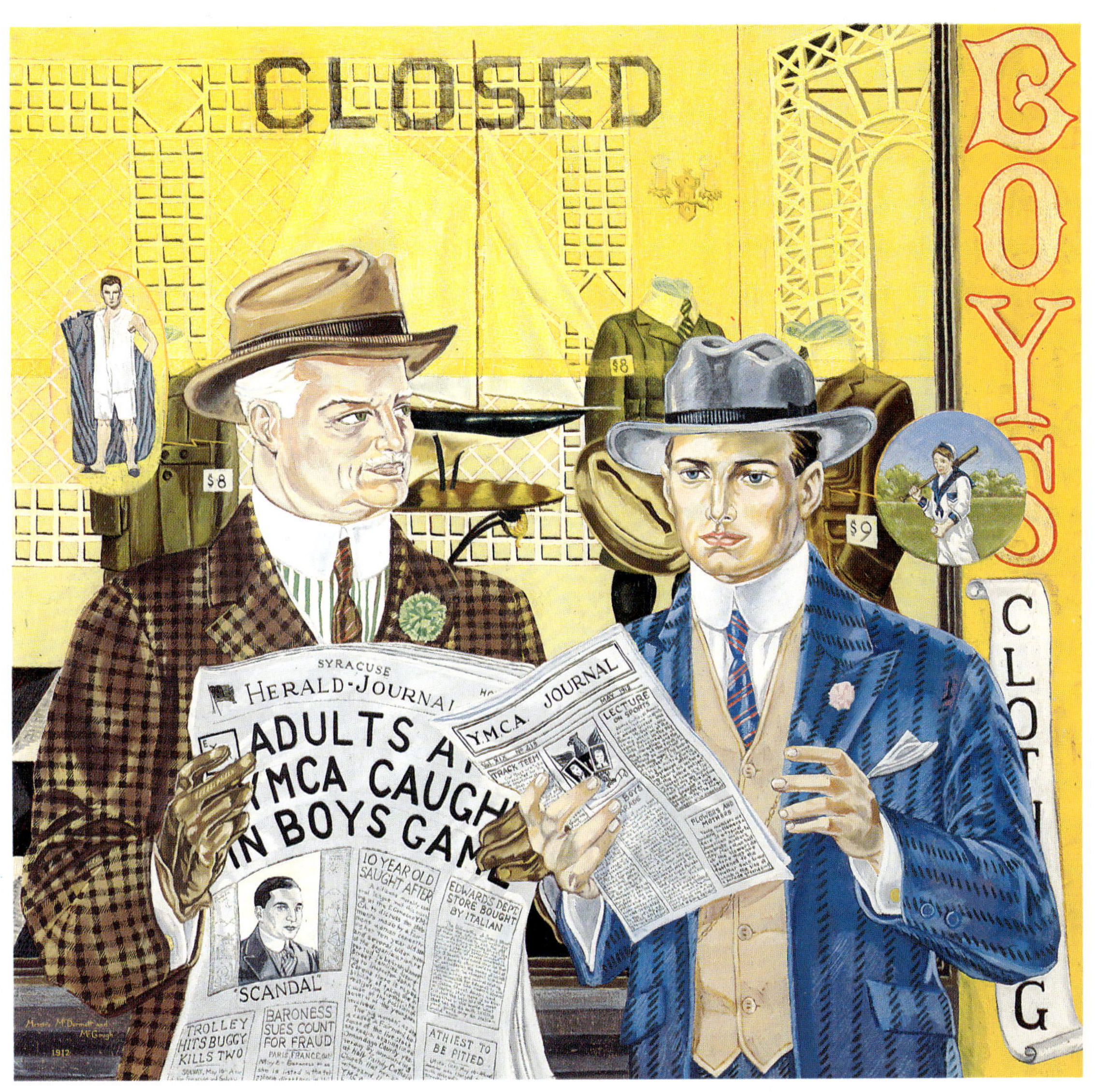
CLOSED
BOYS
CLO
G
$8
$8
$9
SYRACUSE
HERALD-JOURNAL
ADULTS A
YMCA CAUGH
IN BOYS GAM
10 YEAR OLD SAUGHT AFTER
EDWARDS DEPT STORE BOUGHT BY ITALIAN
"SCANDAL"
TROLLEY HITS BUGGY KILLS TWO
BARONESS SUES COUNT FOR FRAUD
ATHIEST TO BE PITIED
Y.M.C.A. JOURNAL
LECTURE ON SPORTS
TRACK TEEM
FLOWERS AND MOTHERS
Messrs. McDermott and McGough
1912

Reformatory Future (1908), 1985
olio su tela di lino
122 x 152,4 cm

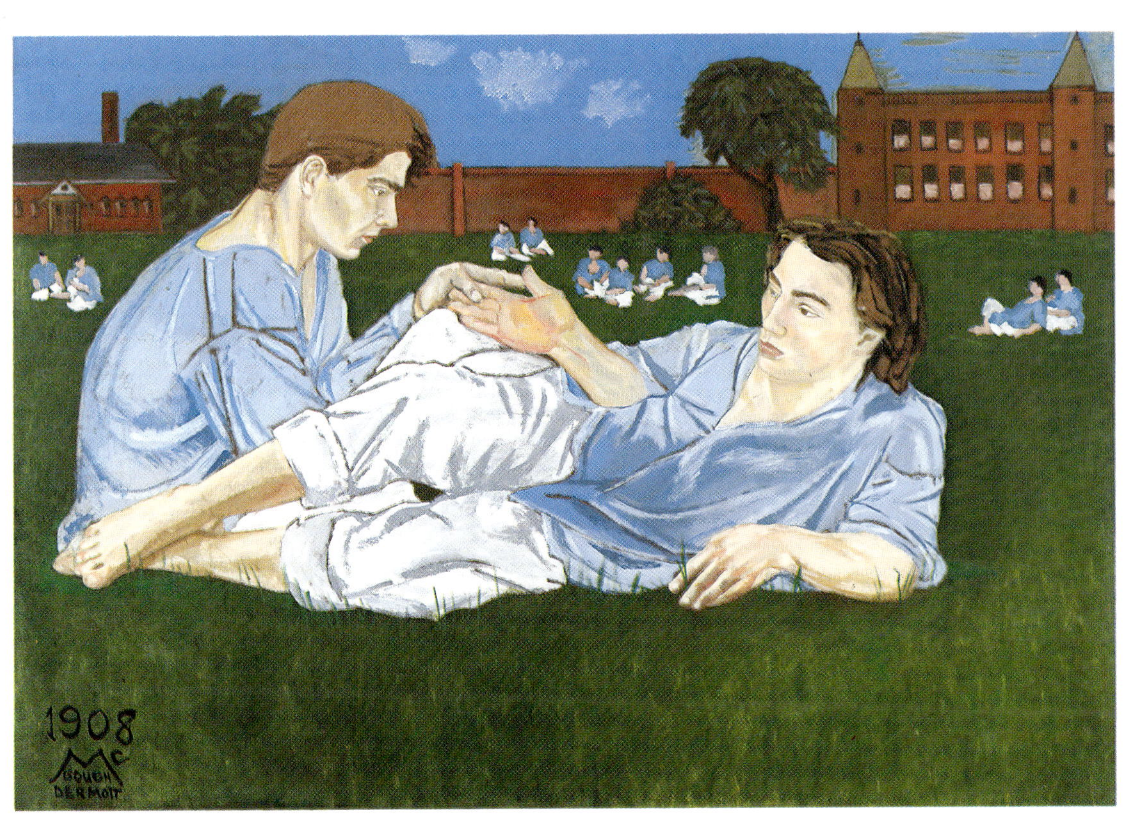
1908
Mc
GOUGH
DERMOTT

The Vegetarian Painting (1948), 1989
olio su tela di lino
274,3 x 274,3 cm

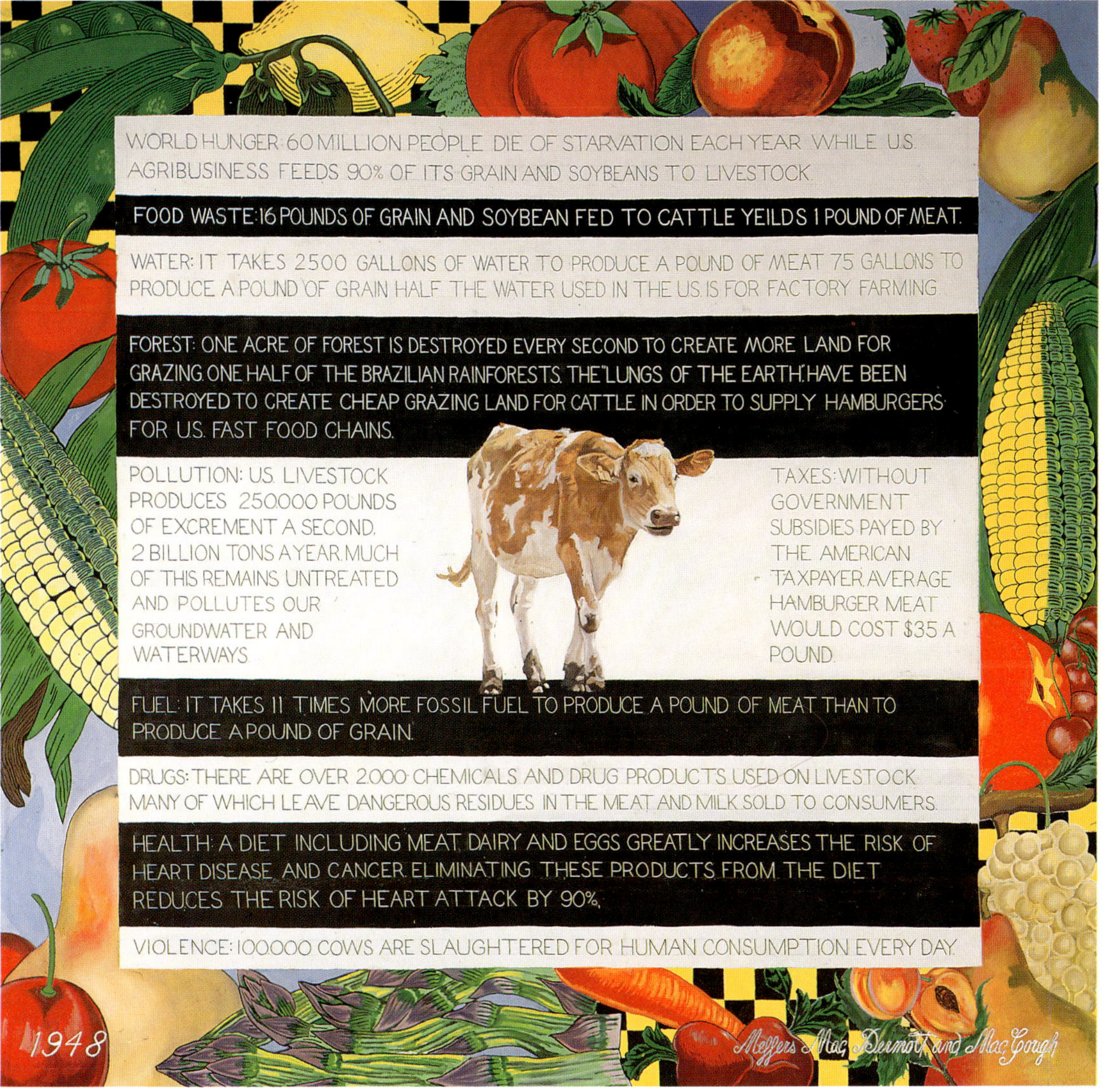
WORLD HUNGER: 60 MILLION PEOPLE DIE OF STARVATION EACH YEAR WHILE U.S. AGRIBUSINESS FEEDS 90% OF ITS GRAIN AND SOYBEANS TO LIVESTOCK.
FOOD WASTE: 16 POUNDS OF GRAIN AND SOYBEAN FED TO CATTLE YEILDS 1 POUND OF MEAT.
WATER: IT TAKES 2500 GALLONS OF WATER TO PRODUCE A POUND OF MEAT 75 GALLONS TO PRODUCE A POUND OF GRAIN HALF THE WATER USED IN THE U.S. IS FOR FACTORY FARMING.
FOREST: ONE ACRE OF FOREST IS DESTROYED EVERY SECOND TO CREATE MORE LAND FOR GRAZING. ONE HALF OF THE BRAZILIAN RAINFORESTS, THE "LUNGS OF THE EARTH" HAVE BEEN DESTROYED TO CREATE CHEAP GRAZING LAND FOR CATTLE IN ORDER TO SUPPLY HAMBURGERS FOR U.S. FAST FOOD CHAINS.
POLLUTION: U.S. LIVESTOCK PRODUCES 250,000 POUNDS OF EXCREMENT A SECOND. 2 BILLION TONS A YEAR. MUCH OF THIS REMAINS UNTREATED AND POLLUTES OUR GROUNDWATER AND WATERWAYS.
TAXES: WITHOUT GOVERNMENT SUBSIDIES PAYED BY THE AMERICAN TAXPAYER AVERAGE HAMBURGER MEAT WOULD COST $35 A POUND.
FUEL: IT TAKES 11 TIMES MORE FOSSIL FUEL TO PRODUCE A POUND OF MEAT THAN TO PRODUCE A POUND OF GRAIN.
DRUGS: THERE ARE OVER 2,000 CHEMICALS AND DRUG PRODUCTS USED ON LIVESTOCK MANY OF WHICH LEAVE DANGEROUS RESIDUES IN THE MEAT AND MILK SOLD TO CONSUMERS.
HEALTH: A DIET INCLUDING MEAT, DAIRY AND EGGS GREATLY INCREASES THE RISK OF HEART DISEASE AND CANCER. ELIMINATING THESE PRODUCTS FROM THE DIET REDUCES THE RISK OF HEART ATTACK BY 90%.
VIOLENCE: 100,000 COWS ARE SLAUGHTERED FOR HUMAN CONSUMPTION EVERY DAY.
1948
Messrs MacDermott and MacGough

Splendid Achievements Part I (1943), 1990
olio su tela di lino
96,5 x 162,6 cm

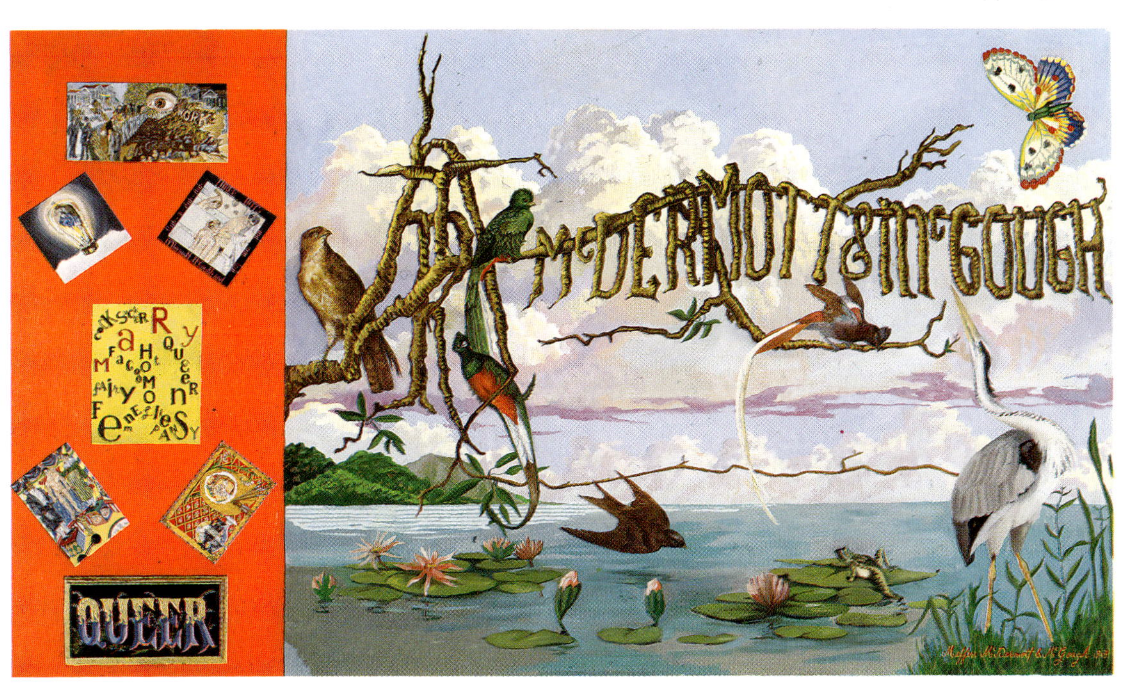
McDERMOTT & McGOUGH
QUEER

The Anachronistic Conversion of the Modern Man (1908), 1990
olio su tela di lino
127,6 x 92 cm

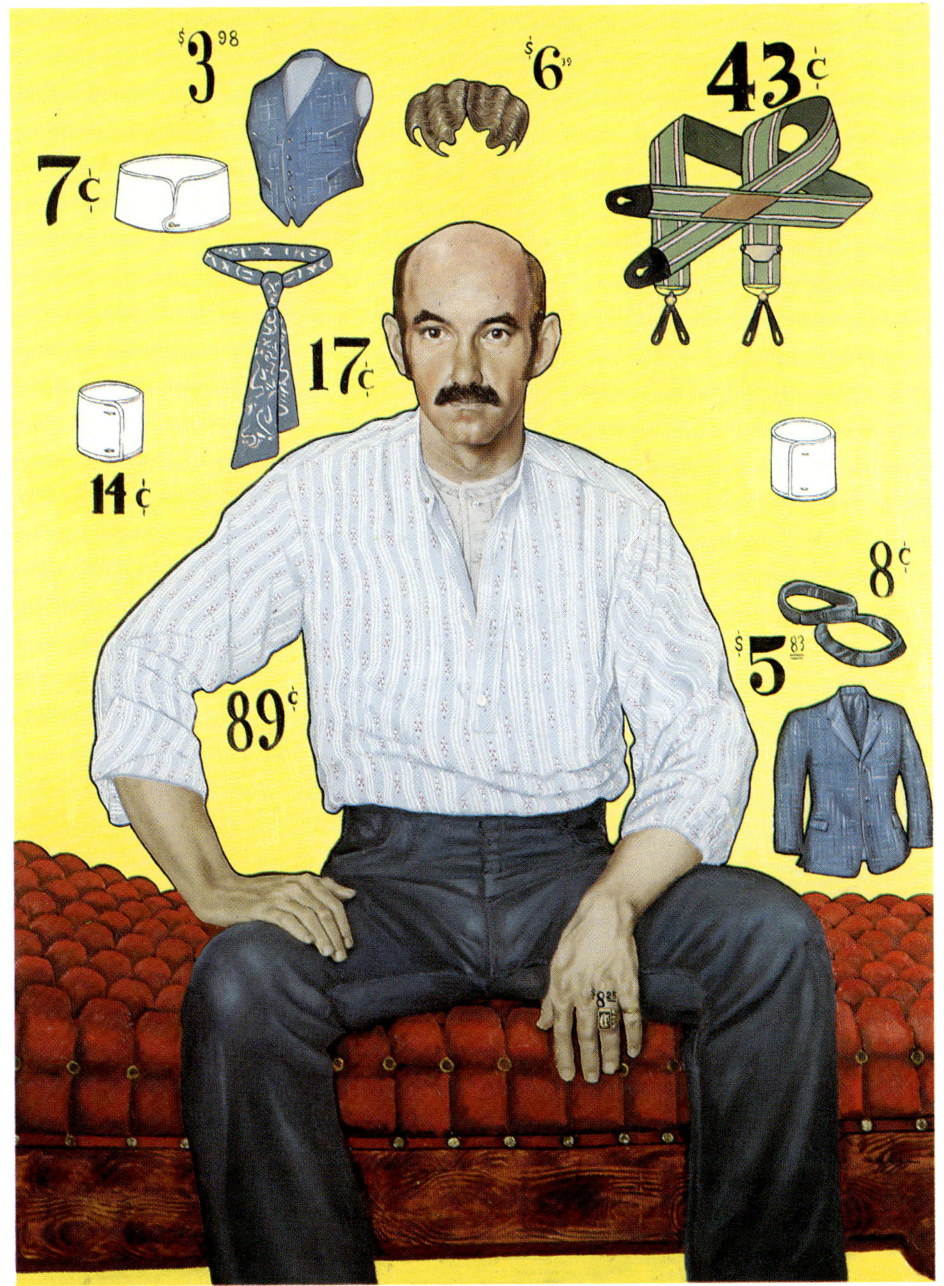
$3 98
$6 39
43¢
7¢
17¢
14¢
8¢
$5 83
89¢

Soul Mates (1918), 1991
olio su tela
108 x 215,5 cm

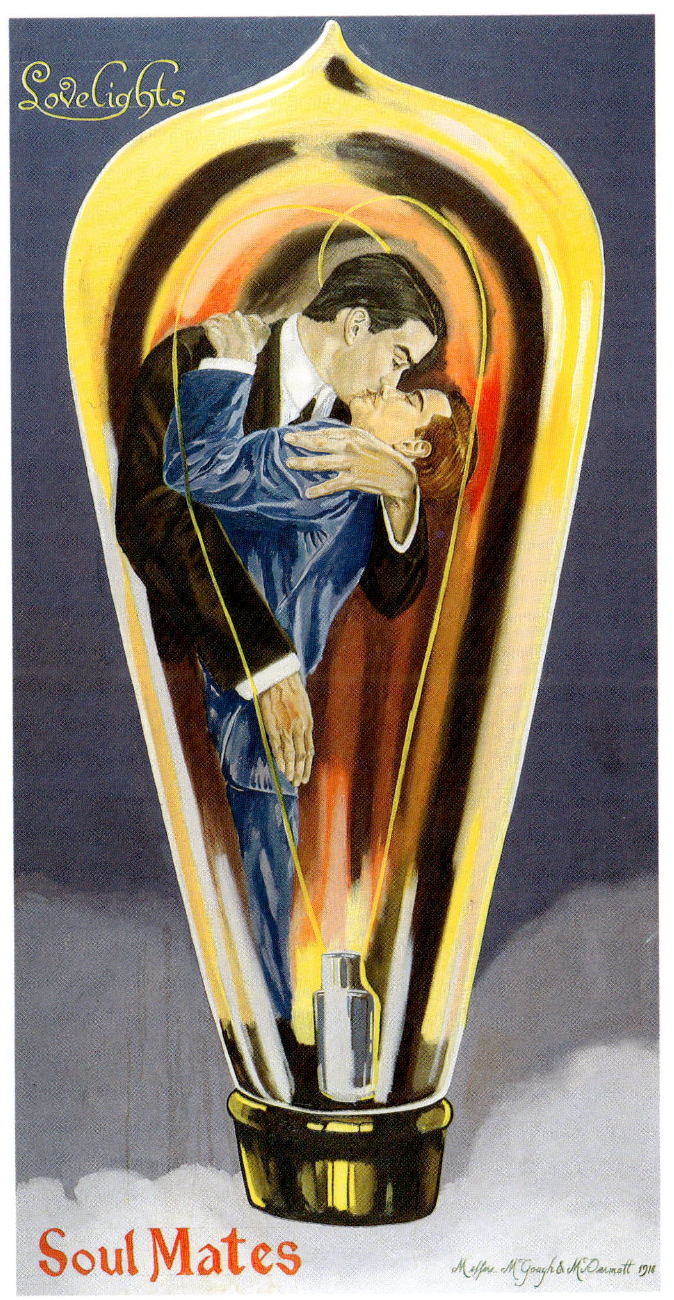
Lovelights
Soul Mates
Messrs. McGough & McDermott 1918

Chart 5 (1904), 1990
olio su tela di lino
193 x 167,6 cm

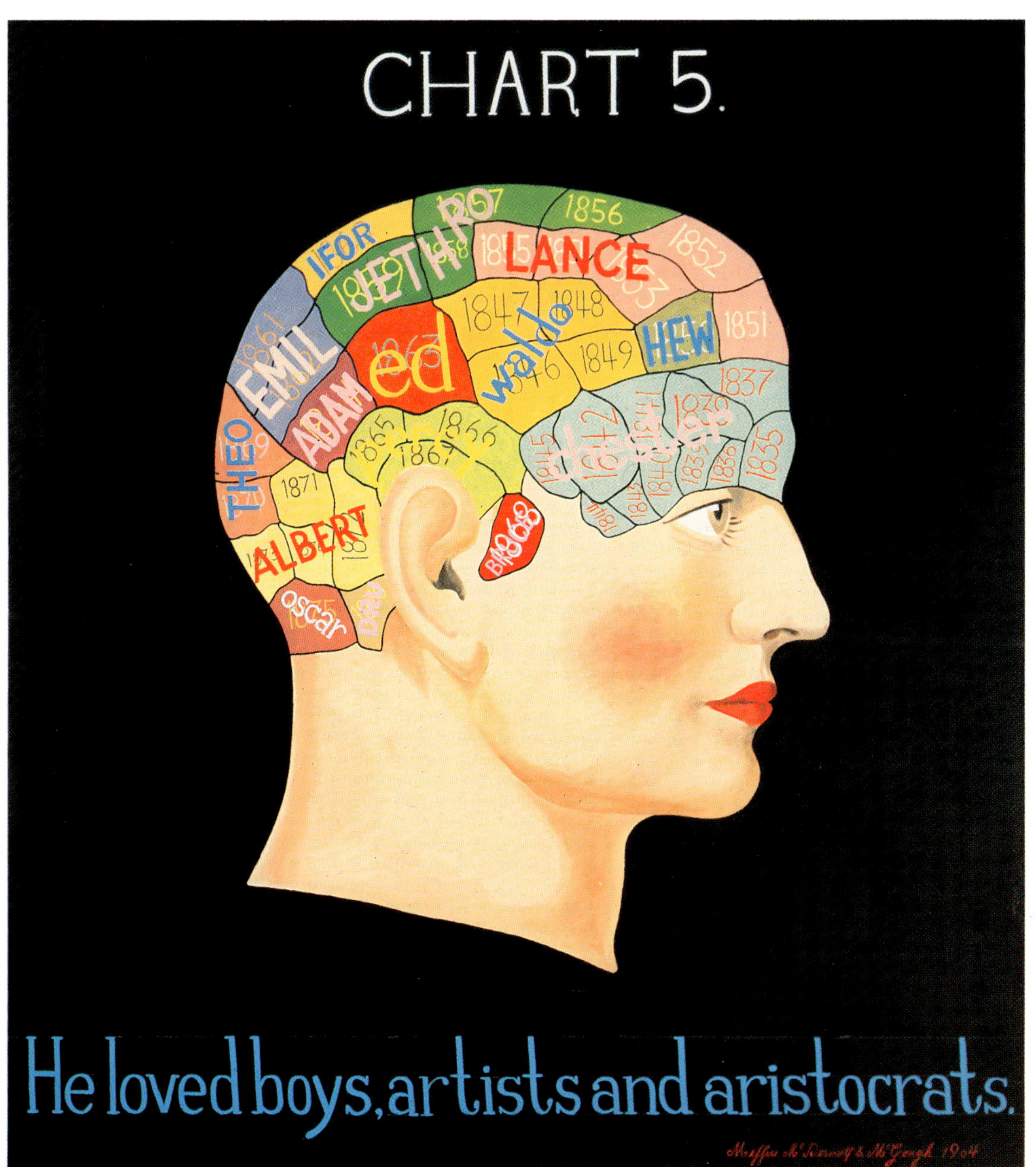
CHART 5.
IFOR
JETHRO
1856
LANCE
1852
1847
1848
1851
waldo
HEW
EMIL
ed
1849
1846
1837
THEO
ADAM
1866
1867
1871
ALBERT
oscar
He loved boys, artists and aristocrats.

Elegy of a Forsaken Citizen (1921), 1990
olio su tela
193 x 162 cm

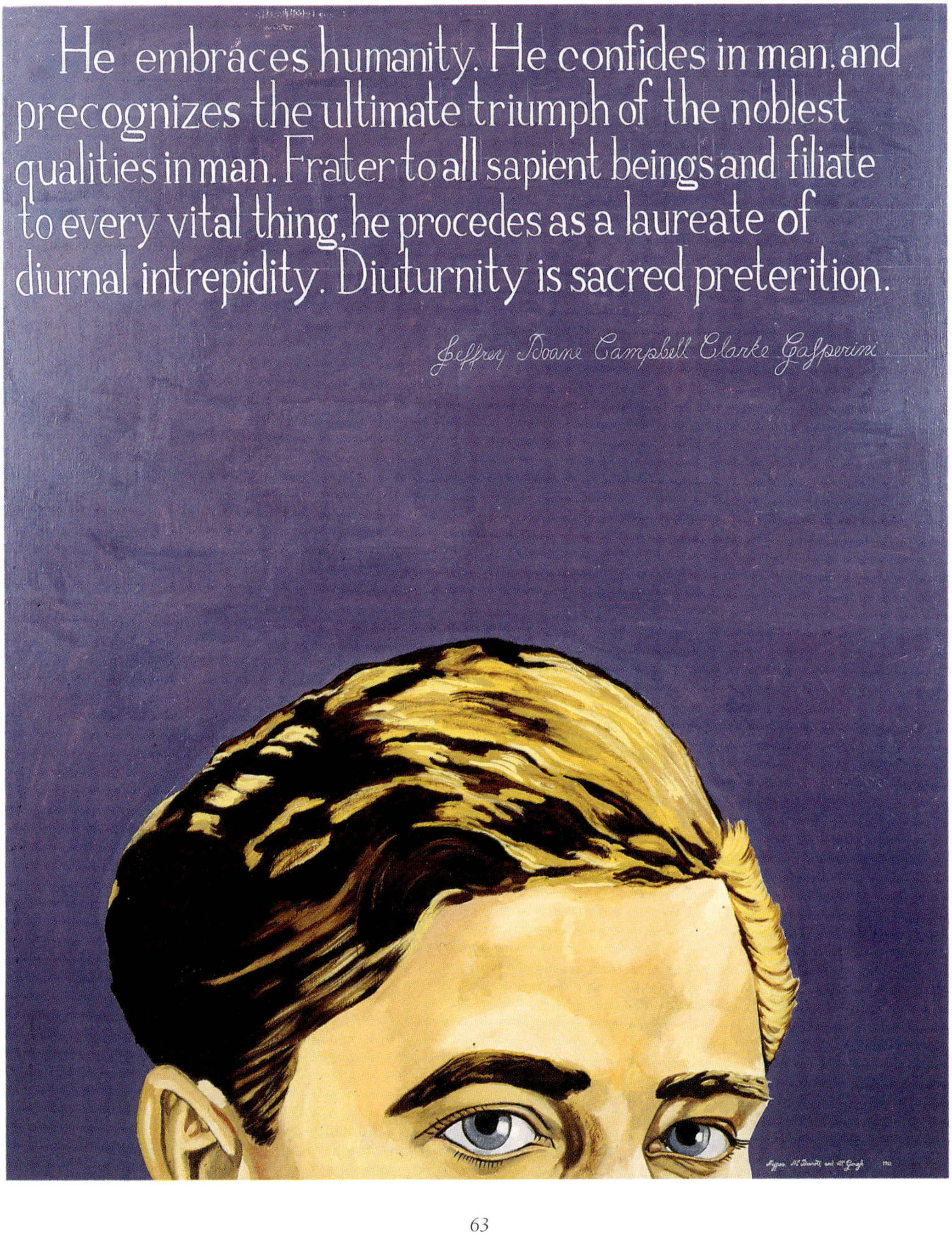

He embraces humanity. He confides in man, and precognizes the ultimate triumph of the noblest qualities in man. Frater to all sapient beings and filiate to every vital thing, he procedes as a laureate of diurnal intrepidity. Diuturnity is sacred preterition.

Jeffrey Doane Campbell Clarke Gasperini

Sad Love (1917), 1992
olio su tela
121,3 x 98,4 cm

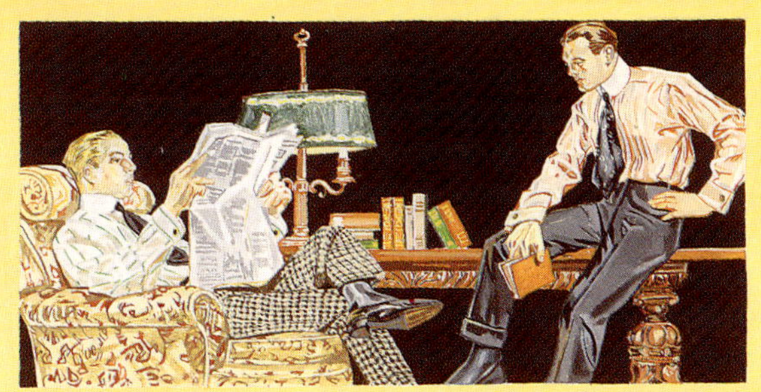

Why can't excep-
tional friendship,
real, real deep,
deep friendship
between two men
be respected as
something clean
and decent with-
out being thought
of as — fairies?
1917
Messrs McDERMOTT and McGOUGH
PAINTERS of PICTURES

Bank Teller Wanted (1919), 1992
olio su tela di lino
243,8 x 182,9 cm

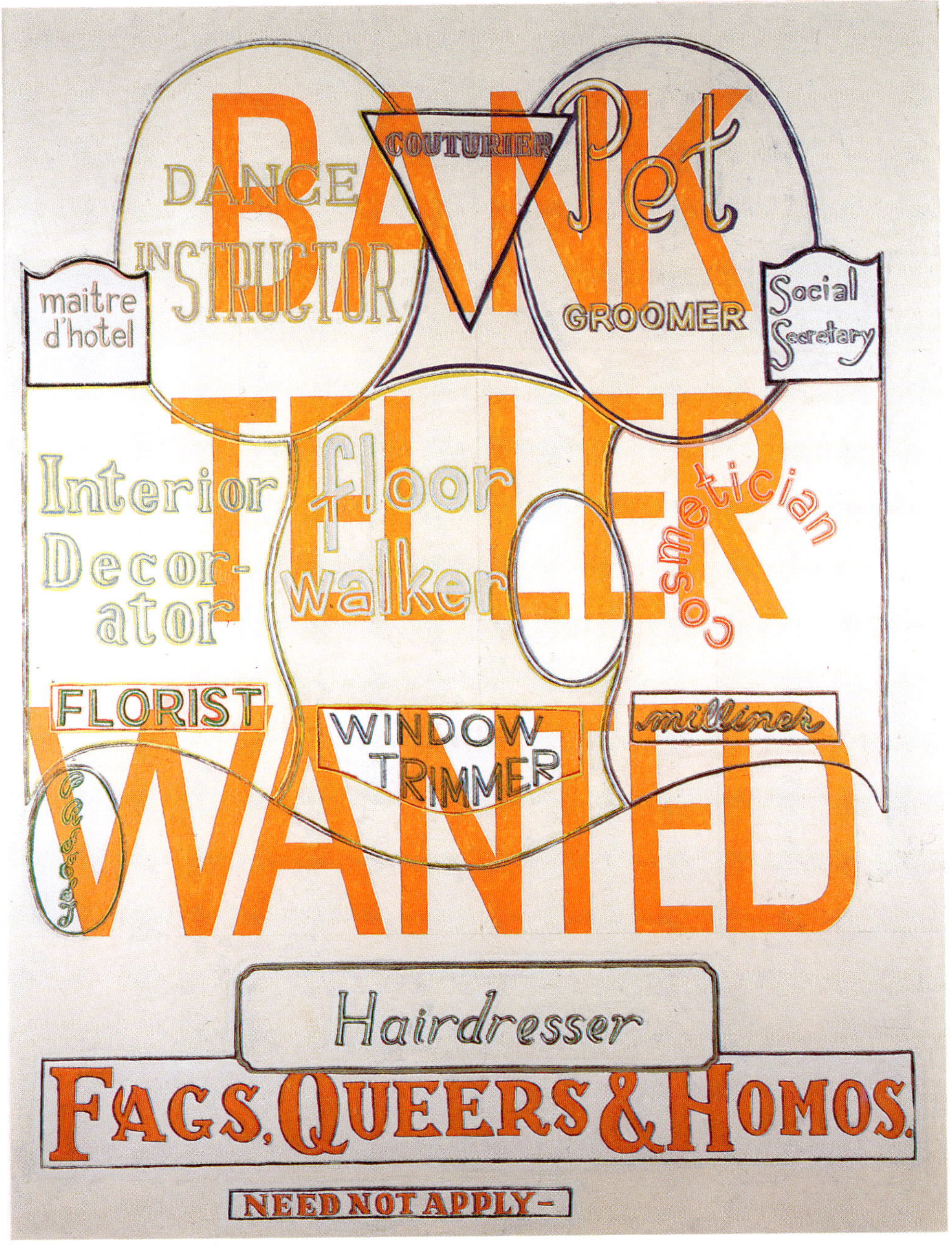
BANK
COUTURIER
Pet
DANCE INSTRUCTOR
maitre d'hotel
GROOMER
Social Secretary
TELLER
Interior Decor-ator
floor walker
cosmetician
FLORIST
WINDOW TRIMMER
milliner
WANTED
Hairdresser
FAGS, QUEERS & HOMOS.
NEED NOT APPLY-

Savings and Loans (1919), 1992
olio e sabbia su tela di lino, legno,
portalampade di porcellana, filo elettrico e
lampadine Edison
240 x 134,6 cm

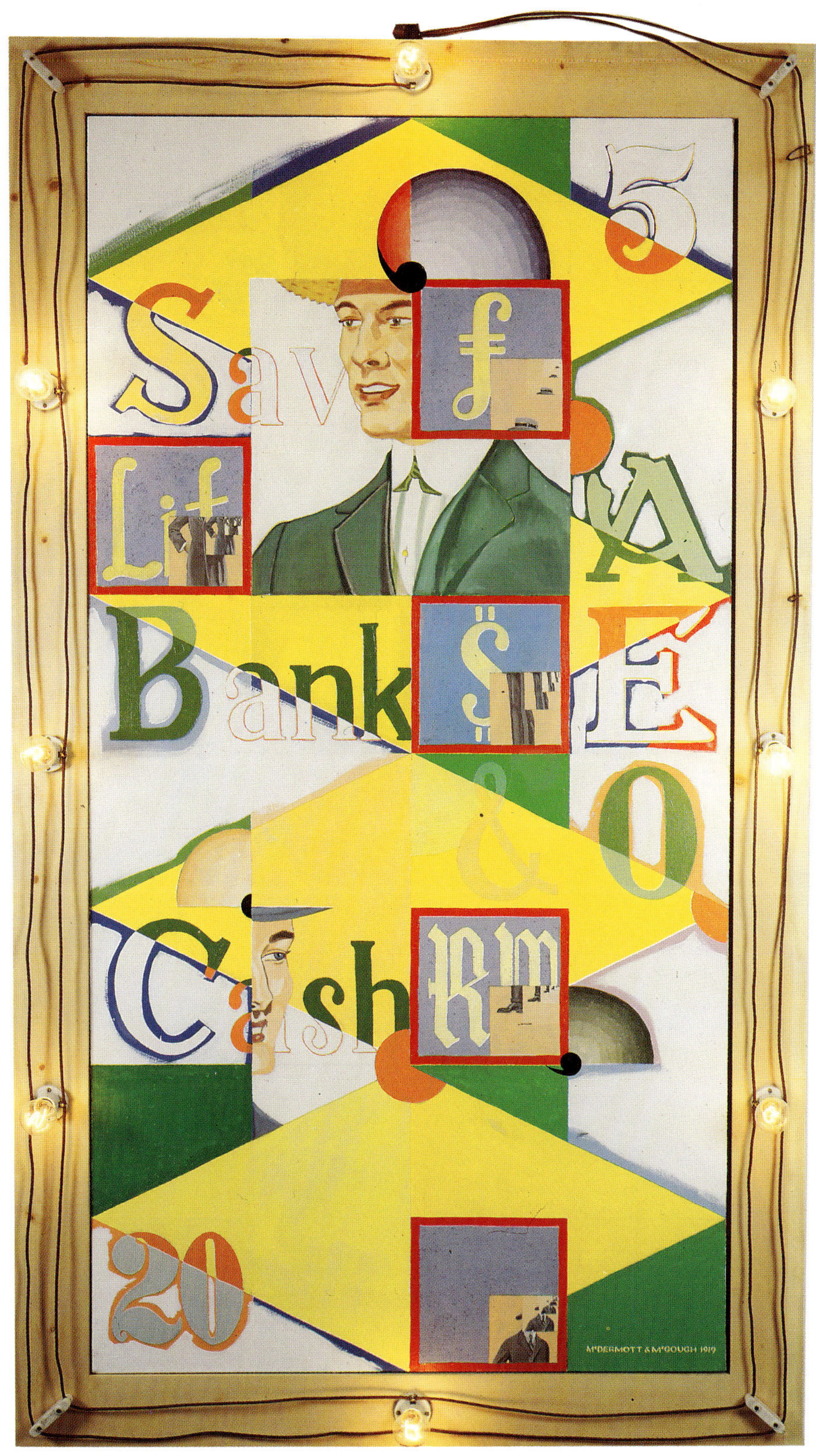
5
Sav
£
Lif
A
Bank
$
E
&
Q
Cash
Rm
20
McDERMOTT & McGOUGH 1919

A *Fool And His Money (1919)*, 1992
olio su tela di lino, legno, portalampade di
porcellana, filo elettrico e lampadine Edison
149,2 x 87,6 cm

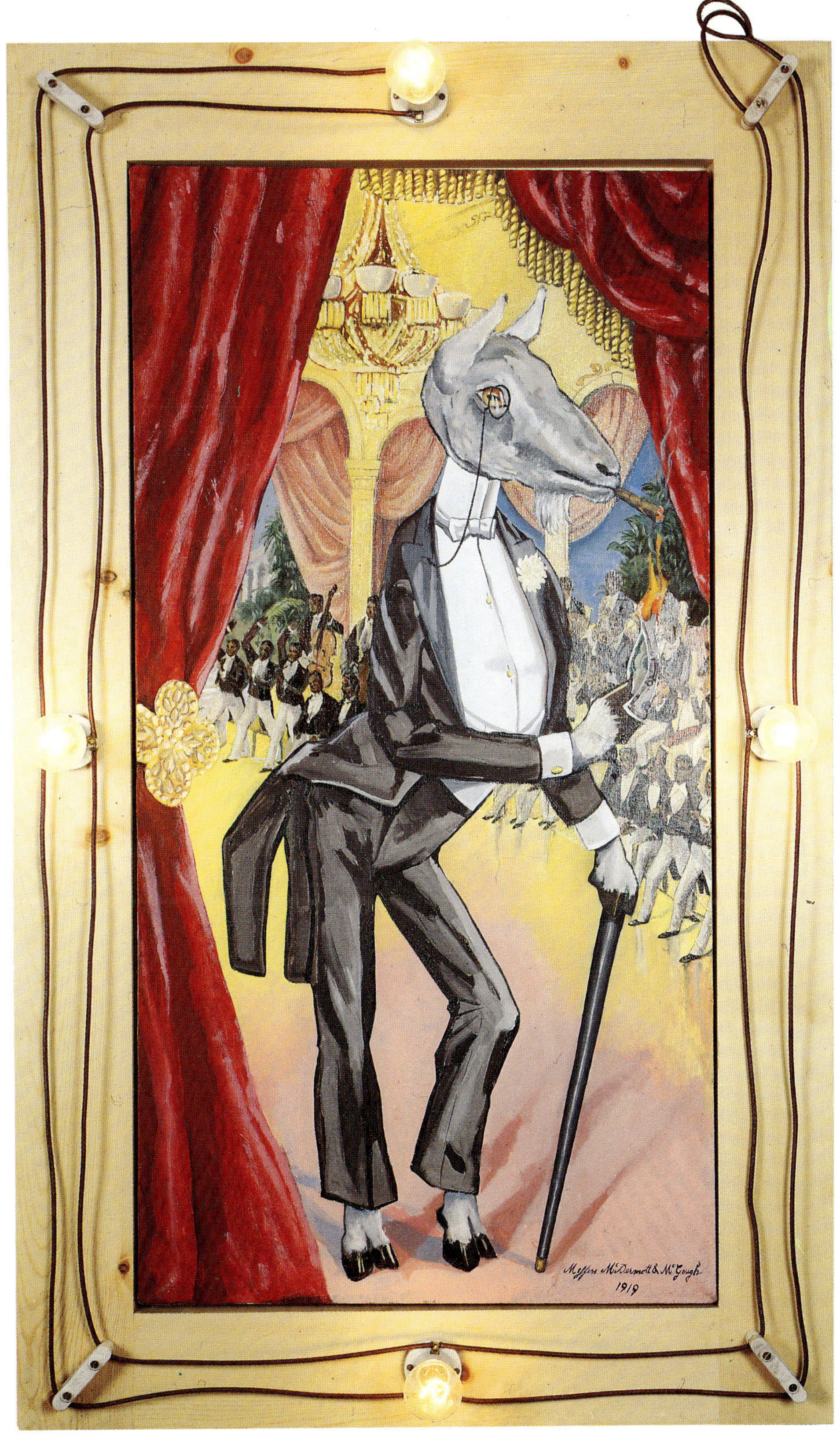
Messrs McDermott & McGough
1919

A *Bank Teller's Vision (1919)*, 1992
olio su tela di lino, legno, portalampade di porcellana, filo elettrico e lampadine Edison
156,2 x 120,7 cm

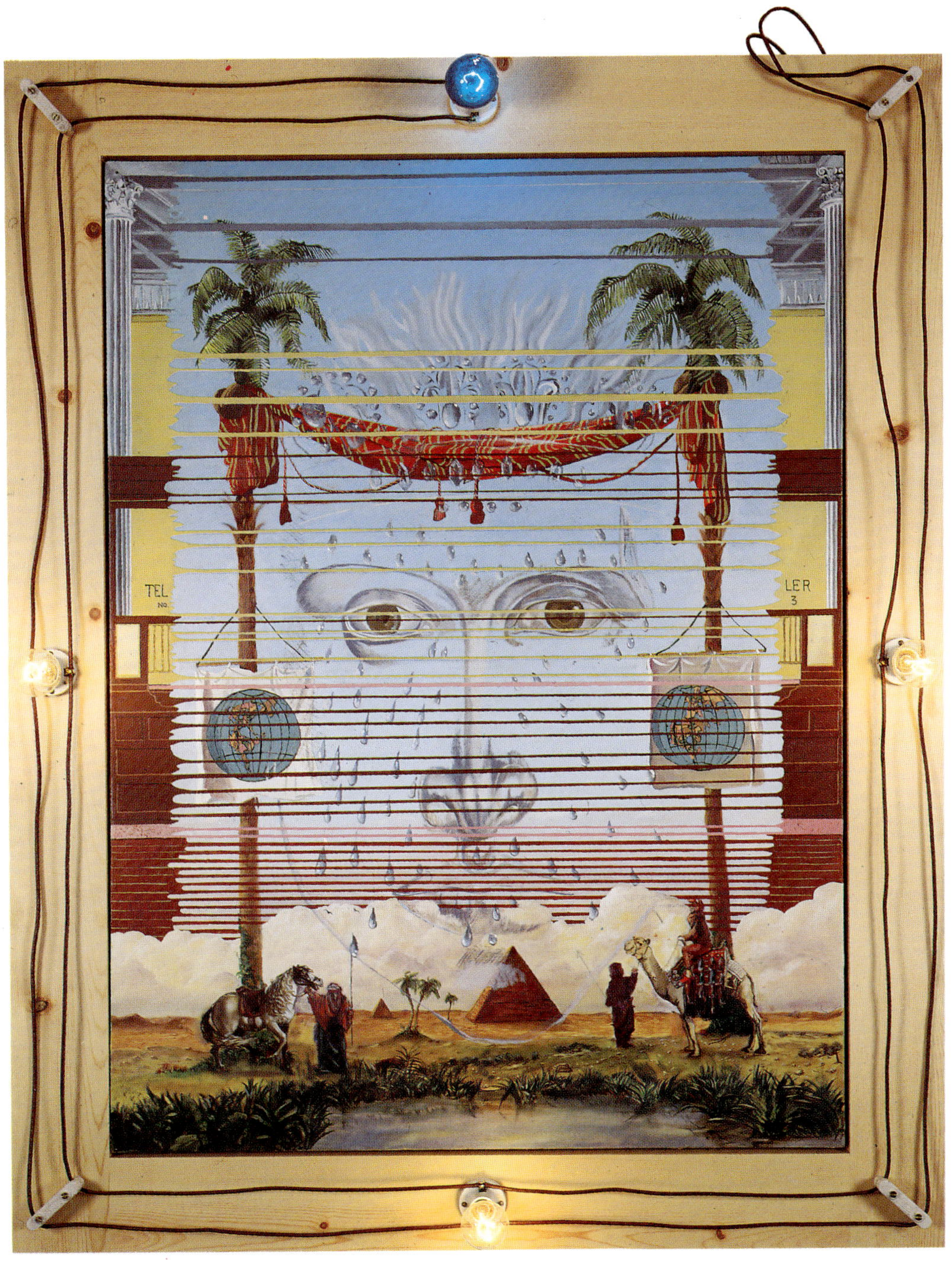
TEL
No.
LER
3

Echo Homo (1919), 1992
olio su tela
137,2 x 91,7 cm

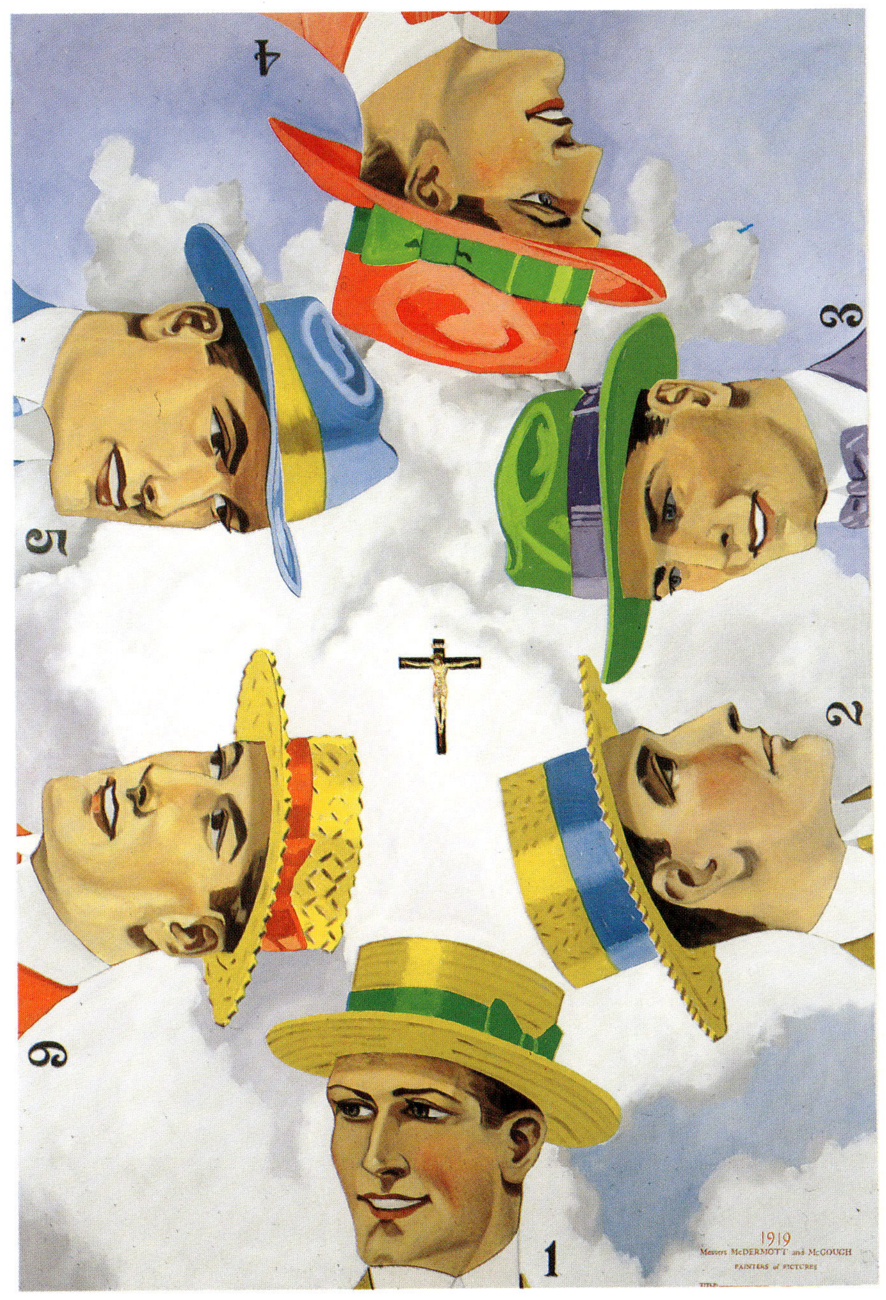
4
3
5
2
6
1
1919
Messers McDERMOTT and McGOUGH
PAINTERS of PICTURES

Dangers of a Social Career II (1919), 1992
olio su tela
nove parti: 30,5 x 22,9 cm ciascuno
91,4 x 68,6 cm complessivi

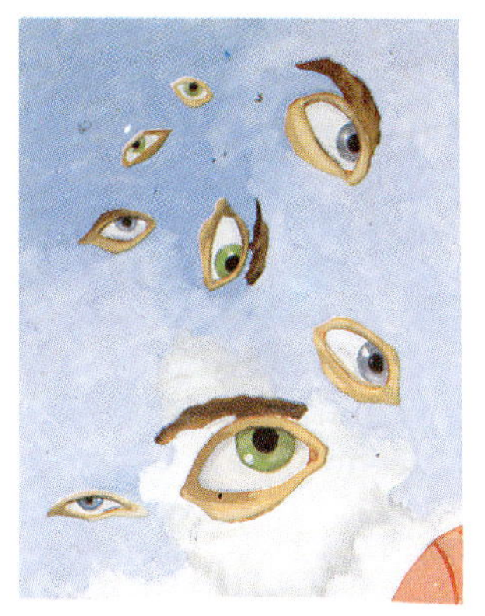
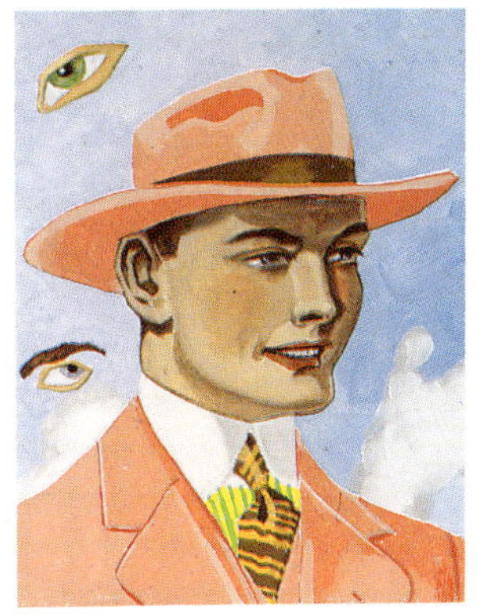

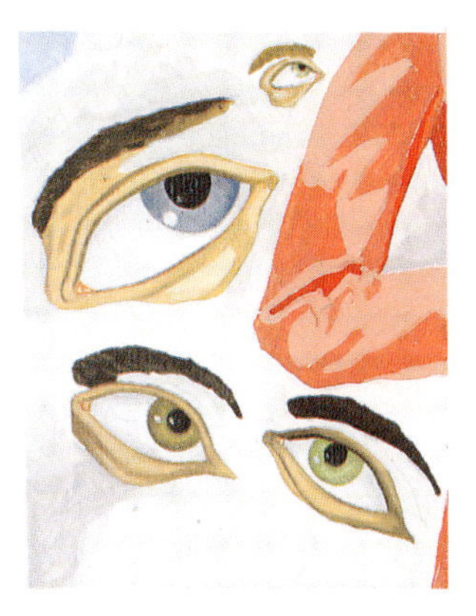
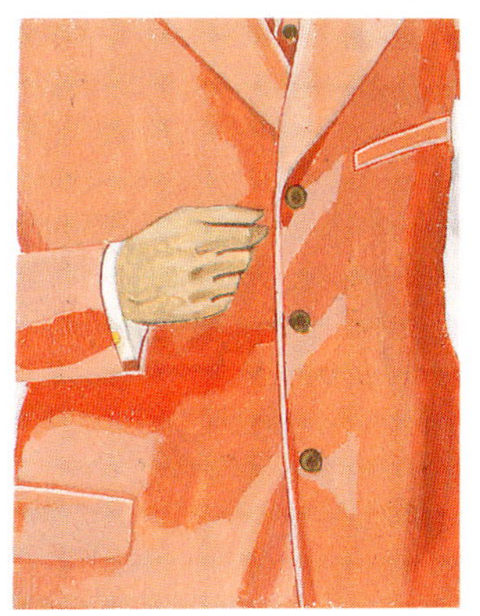
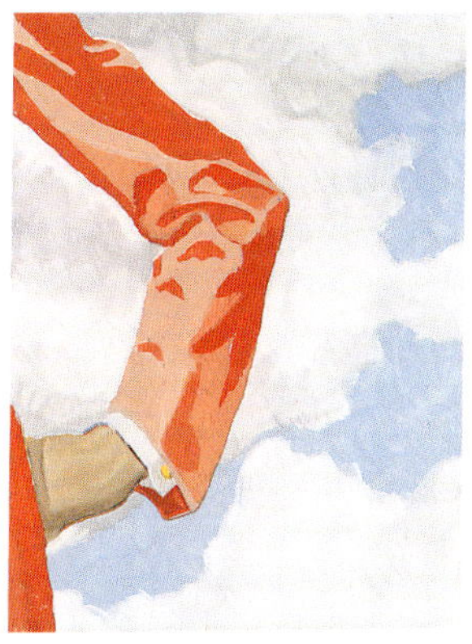

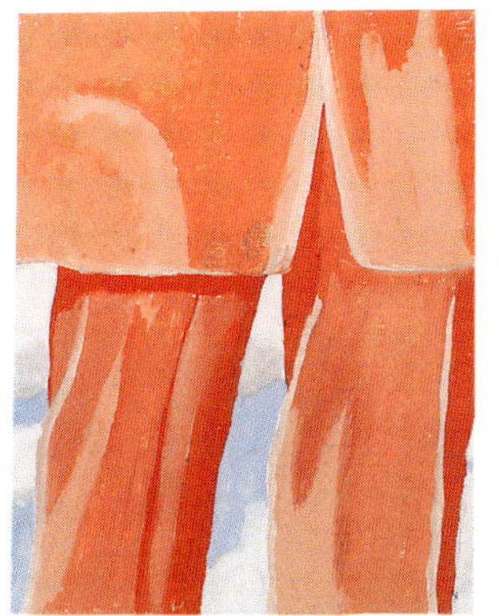
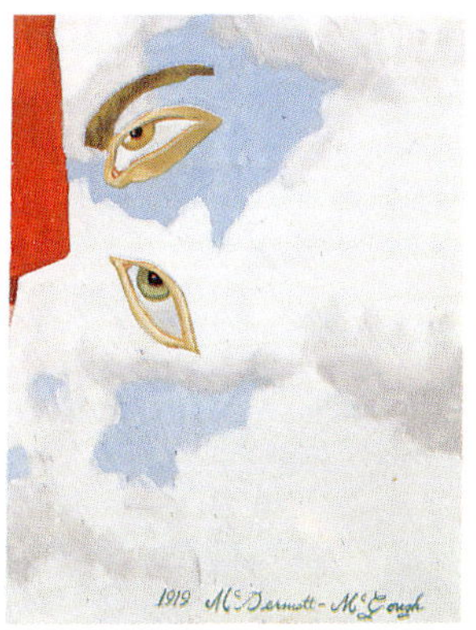
1919 McDermott-McGough

David McDermott è nato a Hollywood (California, Usa), nel 1952; ha frequentato la Syracuse University a Syracuse (New York, Usa).
Peter Thomas McGough è nato a Syracuse (New York), nel 1958; ha frequentato il Fashion Institute of Technology a New York.
Insieme fanno esperimenti con il tempo a New York e a Dublino. Con la loro abilità di pittori a olio e di fotografi su lastra, e con la loro fama di artisti, hanno cercato di colpire la fantasia di una nuova generazione.
Il loro motto è "tutto il tempo esiste nello stesso momento".

David McDermott was born in Hollywood (California, Usa) in 1952; he attended the Syracuse University, Syracuse (New York).
Peter Thomas McGough was born in Syracuse (New York) in 1958; he attended the Fashion Institute of Technology in New York.
Together they experiment with time in New York City and Dublin, Ireland. Through their abilities as oil painters and glass plate photographers, and through their renown as artists, they have attempted to capture the imagination of a new generation.
Their motto is "all time exists at the same time".

ESPOSIZIONI PERSONALI / SOLO EXHIBITIONS

1985
Massimo Audiello Gallery, New York (Usa)

1986
Massimo Audiello Gallery, New York (Usa)
Pat Hearn Gallery, New York (Usa)
Galleria Lucio Amelio, Napoli (Italia)
Frankfurter Kunstverein, Francoforte (Germania)

1987
Massimo Audiello Gallery, New York (Usa)
Mario Diacono Gallery, Boston (Usa)

1988
Massimo Audiello Gallery, New York (Usa)

1989
Robert Miller Gallery, New York (Usa)

1990
Sperone Westwater Gallery, New York (Usa) (Chicago Art Exposition)
Massimo Audiello Gallery, New York (Usa)
Fraenkel Gallery, San Francisco (Usa)
A.D. Gallery, New York (Usa), "The Garden"

1990-91
Sperone Westwater Gallery, New York (Usa)

1991
Fay Gold Gallery, Atlanta (Usa)

1992
Robert Miller Gallery, New York (Usa)
Fraenkel Gallery, San Francisco (Usa)

1993
Galleria Gian Enzo Sperone, Roma (Italia)
Magazin 4, Bregenz (Austria)

1996
Galerie Françoise Paviot, Parigi (Francia)
Galleria Gian Ferrari Arte Contemporanea, Milano (Italia)
Galerie Torch, Amsterdam (Olanda)
Bruno Bischofberger, Zurigo (Svizzera)

1997
Provincial Museum of Modern Art, Ostend (Belgio)

Fotografi / Photographers

Wouter Deruytter

Roeselare (Belgio), 1967. Ha frequentato la Royal Academy of Fine Arts di Gand (Belgio) e l'International Center of Photography di New York. Ha collaborato con Keith Haring nel 1989 e con Maurice Béjart nel 1989-90. Dal 1992 si dedica anche all'insegnamento universitario sia in Belgio sia in Egitto.

Roeselare (Belgium), 1967. He attended the Royal Academy of Fine Arts, Ghent (Belgium) and the International Center of Photography, New York. He cooperated with Keith Haring and with Maurice Béjart in 1989–90. He has been teaching at university either in Belgium or in Egypt since 1992.

Peppe Avallone

Salerno, 1956. Si forma con il gruppo del "Nuovo Politecnico". Intraprende l'attività di fotogiornalista e, dal 1983, collabora con il "New York Times".
Contemporaneamente sviluppa attività di documentazione sul lavoro di artisti come Beuys, Rauschenberg, Paladino e Taaffe.

Salerno (Italy), 1956. He started his professional education with the group of "Nuovo Politecnico." He has been working for *New York Times* as a photo-journalist since 1983. In the meantime he starts a documentary activity on artists as Beuys, Rauschenberg, Paladino and Taaffe.

Finito di stampare nel marzo del *(1936)* 1996
da Leva spa, Sesto San Giovanni (Italy)
per conto di Edizioni Charta s.r.l.